知识生产的原创基地

BASE FOR ORIGINAL CREATIVE CONTENT

颉腾商业

JIE TENG BUSINESS

零工经济：
灵活就业成功指南

Working in the Gig Economy

［英］托马斯·奥蓬（Thomas Oppong）　著

章爱民　李欣娱　赵嘉阳　译

中国广播影视出版社

图书在版编目（CIP）数据

零工经济：灵活就业成功指南 / (英) 托马斯·奥蓬著；章爱民, 李欣娱, 赵嘉阳译. -- 北京：中国广播影视出版社, 2023.3

ISBN 978-7-5043-8985-5

Ⅰ.①零… Ⅱ.①托… ②章… ③李… ④赵… Ⅲ.①劳动就业—指南 Ⅳ.①F241.4-62

中国国家版本馆CIP数据核字(2023)第016661号

Title: Working in the Gig Economy, by Thomas Oppong
© Thomas Oppong, 2019. All rights reserved.
This translation of Working in the Gig Economy is published by arrangement with Kogan Page.

北京市版权局著作权合同登记号 图字：01-2022-6495 号

零工经济：灵活就业成功指南

[英] 托马斯·奥蓬　著

章爱民　李欣娱　赵嘉阳　译

策　　划	颉腾文化	
责任编辑	王佳　夏妍琳	
责任校对	龚晨	

出版发行	中国广播影视出版社	
电　　话	010-86093580　010-86093583	
社　　址	北京市西城区真武庙二条9号	
邮　　编	100045	
网　　址	www.crtp.com.cn	
电子信箱	crtp8@sina.com	

经　　销	全国各地新华书店
印　　刷	文畅阁印刷有限公司

开　　本	880 毫米 × 1230 毫米　1/32
字　　数	90（千）字
印　　张	7.25
版　　次	2023 年 3 月第 1 版　2023 年 3 月第 1 次印刷

书　　号	ISBN 978-7-5043-8985-5
定　　价	59.00 元

英国最高法院 2018 年的裁决

2018 年 6 月 13 日，英国最高法院裁定：加里·史密斯（Gary Smith）以自雇水暖工身份受雇于皮姆利科管道工公司（Pimlico Plumbers），享有病假工资和假期等劳工权益，有关其雇佣身份的争议就此告一段落。

尽管不能保证类似案件会以相同方式得到裁决，但这一裁决结果为所有在零工经济时代工作的人提供了强有力的先例。相关监管机构可能会根据这一裁决来修订就业法，为个体经营者保驾护航。未来，成千上万的零工工作者，尤其是那些服务于单个雇主的人，必定会以不同方式从中受益。

平等与人权委员会（Equality and Human Rights Commission）的行政总裁丽贝卡·希尔森拉思（Rebecca Hilsenrath）表示："这是法院就劳工权益做出的最重大的裁决之一。许多像加里·史密斯这样的工人现在可以在病假工资和假期工资等福利方面享受额外的福利保障。"

英国最高法院的此次裁决对厘清零工工作者的雇佣身份问题起到了重大推动作用。

Introduction | 导言

未来已来。未来的劳动力具有大众性、适应性和灵活性等特点。多年来，演员、音乐家和季节性农场工人总是在不断赶场，但近年来，这一趋势在不断变化，并拓展到了诸多不同的产业。短期的实时应需型人才开始备受欢迎。

零工经济堪称一个由短期独立合同工（independent contractors①）和自由职业者组成的快速增长的人才库。这些工作正在切切实实地取代朝九晚五的传统工作。越来越多的研究指出，灵活工作者队伍在不断壮大。麦肯锡预测，到 2050 年，全球 6000 多万人将受益于那些帮助人们找到与自身技能相匹配的自由工作人才平台。随着零工经济的发展，那些业务精湛且具有流动性，但不只是想要一份稳定可靠工作的人将获得新的工作机会。

数百万人和数千家公司已经受益于这种现代的新型工作方式。零工经济让人（熟练劳动力和非熟练劳动力）有能力管理

---

① 有关 independent contractors，美国国家税务局（IRS）中文网站用的是"独立经营的承包人"，本书统一译为"独立合同工"。——译者注

自己的时间、工作和收入，无须投身于传统的长期合同。零工经济的发展在很大程度上已然受到技术以及全世界不断变化的工作文化的影响。技术进步日新月异，数百万人在寻找新的增收途径。新的现实是，你可以利用技术从工作中获得报酬。有一技之长的人无须获得别人允许，便可以利用自身的技术来获利。他们不再需要坐等被别人挑选。有了合适的工具，你可以在任何地方、任何设备上工作，还可以与素昧平生的人协作。有了技术的赋能，人们可以根据自身的条件赚钱，但零工经济的发展并非局限于数字技术。各行各业的独立合同工、自由职业者和兼职工作者都在选择为自己工作。工作流程正朝着有利于追求灵活性和机动性的劳动力的方向变化。

零工经济的变革性增长正在导致工作技能越来越专业化。着重于打造专家的职业生涯逐渐成为确保职场无忧的终极形式。如今，专家更容易从多个来源获得收入。可用于工作的时间有限，但收入没有上限。由于自由、灵活、可控，再加上职业的发展空间更大、机遇更好、更具创意性，独立工作对全世界数百万人来说都是一个具有吸引力的选择。

本书旨在提供若干实践理念，助你借力零工经济，践行独立工作，开启有意义的职业生涯，成功树立个人品牌，并让作为新经济劳动者的你大放异彩。本书将通过分析实际例子和分享一些在零工经济中取得成功的人士的丰富经历，指导你拥抱自由职业的生活方式，助你满怀信心走向未来。

在本书写作过程中，我最享受的环节是采访那些独立工作者，他们兴趣盎然地分享了自己乐于从事独立工作的缘由，以及从中实现收入和快乐双丰收的方式。零工经济方兴未艾、前景可期，本书是你在零工经济时代开拓人生、大展宏图的指南，助你纵横职场，畅意人生。

Contents ｜目录

第 1 章

零工经济的产生及演变

本章将概述零工经济（gig economy），详细考察零工经济的内涵及其运行。从"零工经济"的含义入手，讨论工作灵活性的重要性及其为零工工作者（gig workers）所带来的诸多机遇。本章还会诠释以下问题：独立工作（independent work）的分类、零工工作与零时工合同（zero-hour contract）的主要区别、零工合同工（gig contractors）找工作的方法，以及如何充分利用"零工经济"所带来的诸多机会赢在未来。同时，还将厘清零工、顾问、独立合同工和自由职业者之间的区别，并探讨实时应需平台（on-demand[①] platforms）对零工经济的影响、零工经济方兴未艾的缘由以及劳动力管理的未来，最后探讨了零工工作者的就业权利（employment rights）。

[①]　目前对 on-demand (economy) 的主流译法是"按需（经济）"，但不甚清晰，译者认为"应需"要比"按需"更好、更准确。本书统一译为"实时应需"。——译者注

什么是零工经济

"零工经济"这个术语准确抓住了短期工作具有工作时间灵活性这一精髓。"零工经济"这个短语最早出现于金融危机最为严重的 2009 年年初，当时那些失业者靠辗转多地、身兼数职的方式打零工过日子（Hook，2015）。

2017 年 6 月 20 日，英格兰银行首席经济学家安德鲁·哈戴恩（Andrew G. Haldane）在布拉福德国家科学与媒体博物馆发表演讲时表示："在工业革命之前，乃至工业革命之后的数年里，大多数工人从事个体经营或者在小作坊工作。那时不存在工会。工作时间很灵活，其灵活性主要要看收庄稼、挤牛奶或把面包端上餐桌需要花费多长时间。"虽然早已形成的传统工作方式看似正在被颠覆，但哈戴恩认为，从事零工的职业模式早在几十年前就出现了。"零工"这个概念并非新事物。

在 19 世纪工业化之前，人们为了谋生要做好几份工作。那种时间灵活、任务清楚的工作以前的确存在，但已然发生了演变。如今，人们有更多的选择、更好的平台、不同的技术去宣传、接受短期工作。

《剑桥词典》（*Cambridge Dictionary*）认为："零工经济是一种工作方式，其基础在于人们从事临时工作或做不同工作，从每份工作单独获得报酬，而不是为雇主工作。"通常情况下，零工都是临时性的，往往受到技术的影响，但不限于技术。零工工作者指的是独立合同工、自由职业者或个体经营者。独立工作具有很强的自主性，按所完成的工作、任务或销量来计酬，独立工作者与其客户之间存在短期关系。

　　劳动力市场的趋势以及经济衰退推动了零工经济的发展。这种日益流行的现代工作方式为自由职业者带来了管理其工作的自主性，为企业带来了从实时应需的全球性劳动力队伍中招募员工的机会，削减了招募新人才的成本。这个商业新范式让个体得以更好地掌控自己的命运并充分调动自身现有的资源为己所用（McAffee, 2016）。现在没有哪个职业不会过时，而那些愿意把握自己未来的人有了更好的选择。众所周知，工作将继续发生变化，一支新型的劳动力队伍正在形成。变化在不断发生，且不断加速。数据网络上的无偿信息交换正成为经济活动的中心。数字平台极有可能提升全球生产率并改变工作格局。兴旺的市场也在快速演变。这为随需应变的世界带来了实时应需的劳动力。每年有数百万人选择独立工作、自由职业和日常兼职，而不再选择固定工作。这种工作形式越来越受到企业和员工双方的欢迎。单单在伦敦，优步（Uber）就有4万多名司机（Uber, 2017）。据麦肯锡全球研究院报告，英国当前有500万人（在3200万兼职和全职劳动力中占15.6%）从事零工经济（McKinsey Global Institute, 2016）。实时应需工作者的快速增长意味着这就是未来的工作模式。在普华永道对中国、德国、意大利、英国和美国的一万多名员工的调查中，六成人表示"未来没有多少人会选择稳定、长期的工作"（PwC，2017）。承担不起雇用全职员工的新创企业越来越多，它们依靠零工来加强企业管理。数字平台正在快速把独立工作者与雇主联系起来。

麦肯锡报告说："到2025年，独立工作者将为全球GDP贡献2.7万亿美元，并改善长期困扰全球劳动力市场的诸多问题（McKinsey Global Institute, 2015）。"在线人才平台凭借更大的规模、更快的匹配在零工及其客户之间实现了简单的工作协调，放大了弹性工作的诸多好处。平台增进了信任，有利于零工工作者建立起内容丰富的作品集（portfolio）[①]，为将来得到更多工作奠定坚实的基础。当今的劳动力越来越具有流动性，很多工作的发布和完成可以在全球任何角落实现。近年来，工作与地理位置已经实现了"脱钩"。

零工工作并不仅仅局限于优步（Uber）、来福车（Lyft）、户户送（Deliveroo）、跑腿兔（TaskRabbit）和自由职业平台"天天向上"（UpWork）等平台公司。并非所有的独立工作都依托于技术平台，独立合同工不使用在线应用程序也能为传统公司工作。事实上，像亚马逊公司这种技术巨头已经接受了灵活就

---

① 作品集（portfolio）的概念最早来自创意设计领域。设计师在应聘时往往会把自己曾经设计过的作品和项目都整合在一起，完整地呈现给面试官，让对方能在最短时间内了解自己的设计风格和设计能力。——译者注

业人员。这家在线零售商目前用的是一个名为"Amazon Flex"的应用程序。该应用程序和包括优步、来福车在内的其他实时应需型公司的运行原理相同：通过应用程序（App），短期合同工可以注册并申请在自己合适的时间灵活提供配送服务。在这个应用程序的网站上，亚马逊表示："Amazon Flex 为想要利用闲暇时间获得额外收入的配送伙伴提供机会。可以接单的配送街区每周都会变动，但不保证有单。"亚马逊公司允许独立合同工自建日程表，自行管理时间。

在零工经济中，独立合同工按工作计酬，没有基本工资。他们自行管理工作和财务、维护个人声誉并缴纳养老金。财捷公司（Intuit）预计，只是在美国，就有 40% 以上的劳动力从事个体经营。财捷公司副总裁兼公司旗下自我雇用部总经理亚历克斯·克里斯（Alex Chriss）在接受采访时表示："上述情况在过去几十年里已经渐成气候。"

零工经济的运行方式

独立工作或短期合同工与全职工作之间有一个重要差别，即前者与很多需要在特定期限内完成的一次性工作或任务有关。零工工作者根据所交付的成果、所完成的项目或工作获得报酬。有时候，项目可能持续数月或数年，但独立合同工并不享受全职员工的福利待遇。一次零工（一项任务、一项工作）通常意味着在某个月或某个时期内会有一个收入来源。如果成为零工工作者，你就得专注于找到、签约并交付零工工作。有些自由职业者为了增加收入，会同时做多份零工，由此汇集多种收入流。还有些人本属于全职员工，但也从事零工，以拓展收入来源。

对有些合同工来说，把服务于各种客户的零工所带来的收入加起来，其收入可能低于或者接近于任何同业全职员工的收入。而有些短期合同工的总收入也可能超过全职员工。零工工作不一定总有，但找到适合自己的细分市场是值得的。与仅仅依靠某种单项技能的熟练工相比，拥有多种不同水平技能的人总能更快、更从容地找到短期工作。在零工经济中，独立合同工自行负责纳税和储蓄。如果能确保收入来源的稳定性和多样性，自我雇用的长期"钱"景会非常好，但在财务和心理健康方面也的确存在一定的风险。

灵活性在零工经济中的重要性

全球化在全世界零工经济的发展过程中起到了重要作用。很多发达国家的劳动者表现得比以往任何时候都更为活跃。零工经济为每一位独立工作者提供了选择工作方式的良机。零工经济的基本要素就在于其灵活性。自由决定工作时间、工作地点和工作类型，这使得数百万人可以在施展自己才能的同时，不必在家庭或其他重要方面做出妥协。

全世界越来越多的劳动人口选择个体经营、自由职业和短期工作，不再看重工作稳定性。从全球范围看，选择为自己工作的人已接近三成。据研究型咨询公司盖洛普（Gallup）的调查，2013 年，个体经营者占全球劳动力的比例为 29%（Ryan，2014）。在远程工作平台"灵活工作"（FlexJobs）针对 5500 多人开展的"2017 年灵活就业大调查"（2017 Work Flex Super Survey）中，62% 的人表示，因为目前的工作不具备灵活性，自己已经离职或考虑过离职（Reynolds，2017）。比起稳定性，人们更青睐灵活性。灵活性变得无比重要，甚至对全职员工来说也是如此。因为可以选择工作的时间、地点和方式，独立工作者经常能获得更高的工作满意度。很多雇主正在失去他们以往对劳动力市场的控制，这已然成为一个全球性的事实。普华永道报告说："在中国，尤其是中国的年轻人，对工作自主权的渴望最为强烈，这表明，在这个快速变化的经济体中，正在上演一种代际转变：年轻人更为看重的是自由、创业和专业技能。"（PwC，2017）

埃森哲一份题为"劳动力市场：打造自己的未来"的报告认为，未来五年内，我们对"全职工作和自由职业者"的所有假设"都将完全反转"（Accenture，2017）。本书第 10 章将从那些帮助自由职业者找到相关工作的诸多平台中选出一些进行讨论。企业就短期工作发布公告，零工工作者则申请与自身技能相匹配的零工。

零工经济为人们提供了在自己工作效率更高的方便时间内

做重要工作的宝贵机会。稳定收入的前景发生了改变。雇主不再保证工作的稳定性。雇员如果不能证明自己对雇主有价值，将变得无足轻重。在很多情况下，雇员工作过度却收入偏低。大多数雇员对其全职工作感到不满。

英国伦敦商业金融学院（London School of Business and Finance）采访过全英国不同年龄段的1000位专业人士，结果表明，想要换工作的人约为47%，占比最高；打算未来12个月内跳槽的超过20%（Burn-Callander，2015）。在盖洛普开展的一项匿名调查中，全球范围内有85%的员工承认讨厌自己的工作（Clifton，2017）。零工经济为掌握各种技能的人提供了大量的选择机会。零工不断增加的趋势不仅让人们追求自我雇用成为可能，而且为更多员工带来了他们心仪的工作方式。零工经济所带来的机遇意味着人们不再受制于传统的职业路径。现代劳动者想要更多主动权，以便游刃有余地平衡自己的工作和生活。

独立工作的增长

麦肯锡全球研究院发布的一份报告认为，独立工作的现象比官方数据揭示的更为普遍。该研究表明，在美国和欧洲，有20%～30%的人从事独立工作。麦肯锡全球研究院的一位合伙人苏珊·伦德（Susan Lund）称："我们的调查发现，在所有国家，绝大多数独立工作者都是自愿从事独立工作的。"她认为，独立工作"尤其适合老年人、居家护理员和年轻人——以及越来越多的有兴趣参加工作但不愿投入大量时间的或不愿接受朝九晚五工作的群体"（O'Connor, 2016）。数百万人因为自由度和灵活性而选择从事独立工作。如果能根据自身条件来工作，人们愿意付出更多的努力并投入更多的时间。

由于在线平台数量激增，工作比以往任何时候都容易获得。人们更容易掌控自己工作的时间、地点和方式了。在线招募平台 Indeed 表示："2013—2015 年，在全球 12 个最大的经济体中，对灵活工作的兴趣增长了 42.1%。"（Indeed, 2016）

受自由职业者联盟（Freelancers Union）和自由职业平台 ELance-oDesk 委托的一份调研指出，美国人中从事独立工作的比例高达三分之一（MarketWired，2014）。由独立市场调研公司埃德尔曼·伯兰（Edelman Berland）出具的报告认为，34%的美国劳动力有资格从事独立工作。由于企业不断接受实时应需型人才并重点关注提高效率、降低成本，这个比例将只增不减。英国国家统计局（ONS）的报告显示，全英国劳动力中，个体经营者的比例为 15%。该报告还指出，自 40 年前有记录以来，自我雇用率正处于历史最高点。ONS 称："自我就业在全部就业中的比例比其在总劳动时间中的比例上升得更为迅猛，这凸显了兼职性的自我就业在支撑近期劳动力趋势中的重要作用。"（Office for National Statistics, 2016）

独立工作的类型

尽管在工作方式方面存在诸多相似之处，但零工工作者也分为若干不同的类型，涉及多种多样的行为和技能。在实践中，零工经济中的零工工作者主要分两大类。第一类由主要从在线平台获得工作的独立合同工组成。第二类由提供运输服务和"管家服务"（如做家务、商品配送服务等）的不太熟练的零工工作者组成。近年来，媒体和决策层已经对雇主怠慢这类员工提出了批评。不过，零工工作者的类型划分远不止区分熟练工和非熟练工这么简单。

通过在爱彼迎（Airbnb）平台出租房屋来赚取被动收入的人，与那些为了谋生而全身心投入工作的熟练工全然不同。每一位短期工作者都属于零工工作者的四大类之一。麦肯锡国际研究院认为，临时工分为自由人（free agents）、日常兼职者（casual earners）、不情愿者（reluctant gig workers）和经济拮据的合同工（financially strapped contract workers）这四大类（McKinsey Global Institute，2016），具体如下图。

虽然对许多人来说，全职独立工作可能具有普遍的吸引力，但并非人人都向往。员工的工作能力有高低之分，独立工作者也是如此。尽管短期工作很容易得到，但短期工作者可能出于不同的原因而选择自我雇用。自由人全身心投入零工，即使面对传统工作机会也不为所动。不情愿者和经济拮据的合同工不把零工视为自己的主要收入来源，如果有更有利的全职工

> **独立工作者的分类**
> _____
>
> - **自由人**：即使能全职工作，也主动选择零工的自由职业者。他们更愿意为自己工作。
> - **日常兼职者**：这类员工有全职工作，但出于赚外快或追求梦想等目的而选择做零工。
> - **不情愿者**：这类人因为没找到传统工作，只好选择零工。他们一旦找到全职工作，就会放弃零工。
> - **经济拮据的合同工**：这类人的主要收入来源有限，迫于生活所需才选择打零工。

作机会，随时会放弃短期工作。与迫于生活所需而从事零工者（不情愿者和经济拮据的合同工）相比，自由人和日常兼职者更有可能从零工中获得成就感。麦肯锡的调查表明："比起那些自愿选择传统工作的人，自由人从多种零工中所获得的满足感更强。"

零工工作者、咨询顾问、独立合同工和自由职业者之间的区别

人们在讨论自我雇用时会用到不同的术语。这些术语的交替使用有时会让人混淆。

- **零工工作者**："零工"（gig）一词来自音乐界，原指音乐家串场去另外的舞台为观众表演一段时间。"gig"指的是一位或一群音乐家演奏的单场演奏会，尤指演奏现代或流行乐（《剑桥词典》）。如今，"零工工作者"指的是很多行业里主要靠短期工作来赚取收入的临时雇员，在向客户交付"零工"后获得报酬。

- **咨询顾问**：一般而言，咨询顾问根据所花费的时间或一段既定的时期来收取提供建议或咨询服务的费用。在任何你能想到的行业，都有咨询顾问的身影，他们主要向客户提供专业建议，并收取一定的费用。在零工经济中，实时应需的顾问在工作内容方面是一样的。零工工作者可以以咨询顾问的身份开展工作；任何公司也都可以注册成咨询顾问服务公司。麦肯锡、普华永道和德勤等大型咨询公司为世界上各大品牌提供各种咨询服务。

- **独立合同工**：独立合同工是业务非常熟练的自雇工作者，基于项目提供临时性或补充性的工作。合同通常包括起止日期。独立合同工可以以个人或企业的身份根据所达成的合同提供商品或服务，通常在一定时期内完成项目或工作后获得报酬。

- **自由职业者**：自由职业者是灵活的自雇工作者，在同一时间向多个客户提供短期服务，并按相同的标准收取费用。自由职业者可以自由选择工作地点，可以远离客户的办公地点，但会定期与客户沟通工作进展。自由职业者自行管理工作日程，自行商讨工作条件。有些自由职业者属于兼职，以补充自己的收入来源。自由职业者在创意行业很普遍。

零工与零时工的区别

零时工合同（zero-hour contracts）与独立合同（independent contracts）之间最重要的相似之处在于：在这两种情况下，人们都是实时应需工作，即出现工作需要时随叫随到。零工工作者享有的灵活性同样适用于零时工。零时工合同是雇主使用的不保证雇员能一直有工作可做的特殊协议。

零时工合同不保证有工作，也不提供工作时间、带薪病假、养老金、裁员津贴（redundancy entitlements）和通知期限①。零时工同意在出现工作需要时工作。全球各地的零售商、饭店、宾馆和休闲产业，都雇有零时工（通常也称之为"日常兼职者"）。零时工合同通常针对"计件工作"或"随叫随到型"工作，比如口译员，他们在需要时才披挂上阵。以零时工身份工作的雇员有接受或拒绝工作的自由。

在英国，"零时工有权享受与全职员工相同的法定年假和

---

① 通知期限指职工根据劳动法规或劳动合同的规定，提出辞去工作从而解除劳动关系的剩余时间，如《中华人民共和国劳动合同法》第三十七条规定：劳动者提前三十日以书面形式通知用人单位，可以解除劳动合同。劳动者在试用期内提前三日通知用人单位，可以解除劳动合同。——译者注

国家最低工资标准"。

零工工作者没有"员工身份"，他们自行选择与自身技能相匹配的工作。零工工作者根据所完成或交付的任务获得报酬，而零时工则按工作小时计酬，但零时工也通过打零工来补贴自己的收入。零时工和零工的一个重要相似之处在于二者均享受工作的灵活性，均根据适合自己的情况来制定工作协议，自行安排工作时间。

零工如何找到实时应需型工作

随着零工经济的深入发展，独立专业人士越来越成为现代劳动力的有机组成部分。随着灵活工作方式的日益流行，合同工作的来源不断增加，以满足市场需求。

作为零工工作者，要取得成功，得为自己建立起颇为丰富的作品集（把过去做得最好的工作集合起来，这是让客户雇用你的最有说服力的理由）。只有不断把工作完成好，才能建立起让人艳羡的"个人资料"（profile）。如果不知道上哪里去找，不知道和谁联系，找到合适的短期工作并不容易。很多临时工在寻找客户方面毫无头绪，只好放弃。但如果一开始就做好充分的调研，并打探合适的企业，你就在打造潜在客户关系网方面迈出了第一步，这些客户能源源不断地提供工作机会，助你在自主择业的道路上行稳致远。

下列方法有助于你开启自己的独立工作生涯：

1.建立在线作品集，概括自己的专业特长、工作经历、工作能力和过去合作过的客户。

2.以发布博客的形式让受众明白你所擅长的行业。

3.调查并找出曾聘用过独立合同工的潜在客户。通过核查你所在行业的那些成功自由职业者的客户名单，便可以轻松制作出潜在客户表。

4.接触客户，深入了解其与某些实时应需型工作者群体合作的原因、合同工人为其解决了哪些问题以及客户是如何找到他们的。你不会得到每一位客户的回复，但有一些客户的回复会让你明白他们对实时应需型工作者有哪些期望，以及如何对自己在本行业里进行最准确的自我定位。提升回复概率的最佳途径是提问要准确、简洁且具体，提出的问题要简单易答（不要超过三个问题）。

5.不要请求安排工作，而是要征求建议。让客户知道你想学到东西。在瞄准一项工作前，应该先摸清潜在客户的需要。把你想要为之工作的公司列成清单。举例见后图。

6.开始瞄准潜在客户后，提出要解决现有问题。例如，如果对方企业的网页或博客有改进的空间，不妨提出一些点子来，让它们更精彩，让现有方案更完善，或者帮助对方赢得更多客户。向对方亮出让其公司变得更优秀的具体想法，不要给人留下急于得到工作的印象。客户希望看到你很抢手、游刃有余且足够专业。

7.不要仅仅指望陌生人发来的邮件，要充分利用招聘信息。

事由: ［姓名］，欲深入了解贵公司。

［姓名］，您好！

贵公司解决了本行业的一个独特难题。贵公司的方案完美地解决了 _____ 问题。

我目前［状态］，想请您抽空回答几个有关贵公司及贵公司如何聘用短期咨询顾问的问题。我知道您很忙，但此次回答占用您的时间不会超过 5 分钟。

• 贵公司选择实时应需工作者的要求有哪些？

• 零工工作者一般为贵公司解决哪些问题？

感谢您的宝贵时间！

希望有机会为贵公司服务。

［你的姓名］

敬上

每年都会涌现出十多家诸如"天天向上"（UpWork）、"小时工"（PeoplePerHour①）、"自由职业者"（Feelancer）、"我们远程工作"（WeWorkRemotely）等自由职业平台。注册后，可以申请很多相关工作，非常方便。要多提解决方案，而不是问题。

_____

① PeoplePerHour 是一家英国公司，向全球自由职业者提供服务。该平台适合初级自由职业者。——译者注

如果刚刚开始，就尽自己所能多承担些竞标项目。

8. 如果某项目没有选中你，询问公司是否可以保持联系。它们未来或许会有与你个人资料和能力相匹配的工作。

9. 加入实时应需型工作者群体和组织，在本市的共享办公区与同领域的独立工作者交谈。同样，抱着学习的心态接近它们，征求找工作的建议，你很快就能建立起自己的客户名单，它们一旦有了工作便会提供给你。

10. 最后，在任何情况下，都要自己进行调研并带着方案去接近潜在客户。这一点怎么强调都不过分。要坚持不懈，不要因为没有效果便放弃。坚持下去，必有收获。

技术对零工经济的影响

技术正在重新定义大多数事情的运行方式，从人们的交流方式到商业经营方式，都是如此。技术促使全世界的人、机器和软件互动更轻松、更便捷。过去十年，诞生了很多在线平台。优步、"五美元"（Fiverr）、来福车和宜家近期收购的跑腿兔等先驱型公司持续受到风险资本、用户和消费者的青睐。这些平台从战略上在短期工作者和愿意为短期交付的服务买单的客户之间架起了桥梁。它们提供各种服务，从简单的在线任务（比如提供反馈）到复杂任务（比如提供医疗咨询）等，应有尽有。

滴滴出行堪称中国最大的"优步"，该公司已经有 1500 万名签约司机。来自中国最大的在线招聘平台"智联招聘"的首席顾问郝建说:"随着服务业和在线平台的兴起,人们可以直接将其时间和技能转化为生产力,数字支付工具使他们随时随地获得报酬。""不需要待在格子间里工作,也不需要为同一位老板工作。"(Jing, 2017)技术不断发挥作用,让世界各地的熟练工人很容易就找到相关工作。

虽然技术被批判性地视为全职工作的威胁,但只要我们自己不断适应快速变化的工作环境,它就决定着工作未来的发展方向。数字平台的崛起,让全球任何角落的人都可以轻松受益于零工经济,工作的机会向所有符合条件的工作者开放。数字时代已经扰乱了劳动力模型,随着时代发展消费者期望不断发生变化,客户期望产品和服务得到快速交付。为了满足消费者需求,企业不得不在实时应需方面推陈出新。

利用独立工作市场

在线工作市场以史无前例的方式把实时应需工作者与客户联系起来,把技能与雇主、资本与投资者、消费者与供给者匹配起来。在"小时工""天天向上""自由职业者联盟"等网站,雇主和合同工人都是从五湖四海汇聚于此并完成各项工作的。有些市场专门针对特定的行业和缝隙市场,而另一些市场则适用于一般性任务,比如写作、设计、软件开发、工程、销售、市场营销、法律、会计和咨询服务等。对雇主而言,他们所有的短期项目都可以从一个地方找到大量的实时应需人才。而且，零工工作者有机会获得多份工作。

在很多在线市场，客户只需在上传项目时附上详细说明和大致预算，便可吸引到合适的专业人才。自由职业者通过竞价获得工作。潜在客户审查零工工作者的竞价，然后选择合适的求职者开展合作。在很多情况下，客户可以与独立合同工交谈，深入地讨论项目。很多临时工也可以写出提案以说服客户选择自己。客户对提案的审查是有一定依据的，包括作品集、个人资料、客户评级或客户评价（testimonials）等。一旦达成最终协议，客户会选择符合条件的合同工并付报酬，报酬通常进行托管（一种财务协议，由代表签约各方的第三方 App 先掌握款项，等项目完成后客户才批准放款）。一旦自由职业者完成最终交付，客户会审查，必要时会要求进行调整，并对独立工作者进行评价和评级。

自由职业市场上的大多数项目的规模很大，要求复杂，价值高，完工时间可能超过计划时间，因此要考虑得更周全。最好的合同工通常供不应求，手头有很多项目正在进行，且有很多新项目在等待。受欢迎的自由职业者总能交付令人惊叹的工作成果，他们通常应邀参加同一位客户未来项目的竞价。这使得客户可以轻松与同一位业内专业人士合作，不必为了找到最合适的工作者而在审查个人资料或浏览整个市场方面浪费时间。为了提高在短期工作市场上获得更多工作的可能性，应合理组织自己的个人资料，并恳请满意的客户广为宣传对你的积极评价。

获得经验的绝佳路径

如果选择的是全职工作，便要遵守一份长期合约，从而难以获得其他领域的从业经验。如果头脑开放，想要尝试不同的工作，追求能发挥出个人潜力的有意义或有激情的工作，那就选择为自己工作吧。可以尝试零工，探索吸引你的新行业，而无须作出长期承诺。这是在自己钟意的职业领域中找到工作的最佳途径之一。虽然有很多人追求灵活性和赚外快的机会，但其他的独立工作者看重的则是自己从短期项目型工作中获得的经验。随着各家公司不断接受实时应需人才，零工经济甚至为想要补贴收入的兼职工提供了大量机会。有些中小企业和高科技初创公司试图通过短期劳动力来满足其用工需求，你甚至可以从这些公司里找到当天即可完成的工作任务（day tasks）。对于打算探索新职业的任何人来说，这都算得上宝贵的发展机会。你可以利用自由职业者市场找到多种收入机会，以此拓展现有工作安排并增加收入。对任何人来说，零工经济都足够灵活，可以大胆尝试并找到最适合自己的工作。

零工经济方兴未艾的原因

人们考虑灵活工作的原因有很多，包括：

● 全职工作不再保证收入的稳定性。

- 灵活性一直是工作者的重要考虑因素。
- 人们一直在想办法让工作适合个人情况并自由掌控时间。
- 分工专业化让雇主可以从公司外部轻松找到熟练工人。
- 公司越来越愿意雇用自由职业者。
- 公司雇用、培训并留住员工的成本持续上升。
- 公司在不断谋求未来变得便捷、灵活的途径。
- 支持独立工作的基础设施在不断发展进步。

人才管理的新方向

为了应对未来可能出现，甚至看起来不太可能出现的工作前景，企业，甚至是自我雇用的个人，都需要未雨绸缪。对当下和未来所需要的技能制定规划并不容易。为了与时俱进，企业领导不断探索在能帮助企业平稳运行的同时，利用新兴技术的新角色和新技能。最重要的是，要搞清楚从何处找到企业所需的一流人才。要满足消费者不断变化的预期，一条最佳的途径便是，让那些有助于企业基业长青的创新型项目所需的高技能专业人才为企业所用。大多数情况下，最有资格从事创新型项目的人才并不是内部员工，而是以合同工的身份开展工作的工作人员。

富有创造力的商界专业人士能提出帮助企业获得成功的正确观点，但他们总是通过与企业签约的工作方式去解决创新型问题。

技术已经提供了更快，有时甚至是更好地完成任务的方式。由于企业注重严格管控成本并提高效率，它们经常寻求以灵活的方案来提高生产率。在零工经济中，企业在办公场所和全职员工待遇方面可以节约成本。很多企业适应了这种完成工作的新范式。

由全职、兼职、合同工和实时应需人才组成的混合式劳动力队伍正在崛起。尽管雇主可以从独立劳动力中受益，但他们也需要不断应对诸如忠诚、保密、竞争和企业文化之类的挑战，以便让工作过程变得对双方都更加简便且更为有利。通过给所有做好准备、愿意工作并提高生产率的人提供工作机会，零工经济在不断扩展熟练劳动力和非熟练劳动力的工作参与度。那些把人才管理和能力管理视为当务之急的企业充分利用了本行业的技术突破和技术创新。顶尖人才具有很强的竞争优势。通过接受远程、灵活、实时应需和动态的劳动力来提升生产率、改善客户体验，成功的企业逐渐获得并提升了自己对劳动力（新变化）的适应能力。

零工工作者的就业权利

自工业革命以来，工作的世界一直在发生变化。零工工作者不是唯一充分发挥自己激情并享受独立工作所带来的灵活性的一群人。企业也在利用零工经济提供的机遇来削减成本。零工经济的批评者已经提出：零工工作，即便是在最佳条件下交付或完成的零工，也应该接受审查和监督，以防雇主剥夺零工工作者的基本权利。

很多人一直坚持认为：零工工作者大多超负荷工作，但报酬却过低，而且雇主总是把风险转嫁给"独立"工作者。还有人认为：临时性劳工很容易受到剥削。无论其雇员是否应该被划归为零工工作者，很多依赖零工工作者、合同工和自我雇用型劳工的公司已经与他们在工作上产生了公开纠纷。2016年，英国的一家劳资仲裁庭裁决优步公司司机为公司雇员，判定优步所谓的"自雇"说法"不合事实"，是在玩"文字游戏"（Osborne，2016）。

零工经济对独立工作者权利所产生的影响，多国政府并非完全视而不见。作为劳动力的一种新趋势，零工经济需要加以监管而不是控制。欧盟和英国政府正在主动去了解零工经济的运行方式。在一份报告中，英国的"议会工作及养老金委员会"（Parliamentary Work and Pensions Committee）呼吁修改相关法律，以防范零工工作者受到雇主的剥削。该委员会的报告指出："对很多人来说，自我雇用真正具有灵活性和收益回报。"

在英国劳动力中，自我雇用者的比重很大，且越来越大。目前，有500万劳动者（占15%）属于自我雇用者。这个队伍的扩张对目前创纪录的就业水平起到了重要作用。新技术促进了零工经济的发展，由此产生了大量的积极进展和机遇，并持续改变着诸多部门的工作性质（Parliamentary Business，2017）。

工作不断改头换面，将继续引起各国那些想要保护市民权利和工作福利的政府监管机构的注意。

2016 年 10 月 1 日，时任英国首相特蕾莎委托对现代工作实践展开独立审查。在这次审查中，皇家艺术协会的首席执行官马修·泰勒（Matthew Taylor）呼吁大幅修改针对雇用自雇工作者的公司的法律法规，审查报告指出："如果雇主谋求将所有风险都转嫁到工作者身上，从而让人感觉更没有安全感、人生更难掌控那么灵活性就只是单方面的。人们得知要做好工作或出差的准备，却得知没有任何工作可做。"（Taylor，2017）在 2016 年 7 月 11 日的一份声明中，特蕾莎对审查结果的发布做出回应，她说："我很清楚，本届政府将采取行动，确保签订传统合同的员工、自雇者以及那些参与'零工经济'的人都得到妥善的保护。"（Tara，2017）欧盟也在设法为那些自主就业的市民（包括那些签订短期、兼职和临时工合同的人）提供更多的保护和安全感。欧盟社会事务专员玛丽安娜·蒂森（Marianne Thyssen）在一次记者会上表示："我们需要制定出适应新的工作形式并提供足够保护的法规。"（Guarascio，2017）

当今世界领导人的行动将最终决定雇主和合同工双方能否

最大限度地利用零工经济所带来的巨大机遇。平台提供的工作在未来能否增加，取决于相关措施能否切实让企业和实时应需工作者双方受益。零工经济提供了改善工作、平衡生活的宝贵机会——我们自己得相信，灵活工作会有益于那些选择自我雇用的人。这对传统的全职工作来说是个巨大的机遇，而非威胁。

环顾世界，很多政策制定者依然在努力摸清基于项目的工作者应该如何依法获得公正对待。一旦各国出台了政策和就业权利方面的细节，人们选择独立职业的时候便会更加理直气壮。

关键知识点

- "零工经济"这个术语准确抓住了短期工作具有工作时间灵活性这一精髓。

- 零工工作并不仅局限于优步、来福车、户户送、跑腿兔和"天天向上"等公司（平台）。并非所有的独立工作角色都依托于技术平台。

- 如果能确保收入来源的稳定性和多样性，自我雇用的长期"钱"景会非常好，但在财务和心理健康方面也的确存在一定的风险。

- 零工经济的基本要素在于其灵活性。自由决定工作时间、工作地点和工作类型，这使得数百万人可以在施展自己才能的同时，不必在家庭或其他重要方面做出妥协。

- 技术正在重新定义大多数事情的运行方式，从人们的交流方式到商业经营方式，都是如此。技术促使全世界的人、机器和软件以更轻松、更便捷的形式互动。

- 随着零工经济的深入发展，独立专业人士越来越成为现代劳动力的有机组成部分。随着灵活工作方式的日益流行，合同工作的来源不断增加，以满足市场需求。

第 2 章

未来的工作和
组合式职业生涯

在规划未来时，要假设工作环境会发生变化。某些行业里的工作需求会增加，其他行业的工作需求会因自动化或外包而显著下降。当你在任何领域开创职业生涯之前，都应该先了解有哪些趋势正在影响职场世界。随着零工经济的发展，独立顾问将会与越来越多地继续雇用实时应需工作者的企业展开合作。本章将探讨影响现代劳动力的主要趋势以及如何为投身工作领域做好准备，还将介绍在新的工作领域中大显身手所需的最重要的技能。

影响未来的全球趋势

比起工业时代，如今的工作变得不可预测，职业发展道路不再清晰可见，人们开始拥抱新的职场世界，在这个世界里，灵活性比以往任何时候都重要。事实上，我们正处于经济运行方式、人们谋生方式以及社会组织方式都将发生巨变的边缘。

纵然颠覆和进步不可避免，但要在变化的工作领域站稳脚跟，必须与时俱进。为此，我们应同时掌握不可或缺的硬技能和软技能。除了专长（执行任务所需的特定工作技能和知识）之外，还需学习掌握宝贵的软技能（如社交和沟通能力），方可从容应对。

自动化

随着自动化程度的不断提升，制造业工作不断缩减，而实时应需型劳动力却在以惊人的速度增长。德勤公司在英国进行的一项自动化研究发现，自动化和其他相关技术可能淘汰80多万个低技能工作岗位，但有同样强有力的证据表明，这些技术帮助创造出近350万个新的高技能岗位（德勤，2015）。自动化是一个缓慢的过程，但它正在发生，其发生的速度因行业而异。自动化将惠及企业和技术工人。值得注意的是，目前的工作不会完全消失，许多只是被重新定义了。自动化将创造出不同专业的工作，这就需要能执行各种任务的熟练员工去完成各种不同业务领域的工作。有些工作对自动化的工作形成了不可或缺的补充，在这些工作上的技能投入因此变得格外重要。如今，在诸如 Krop、Shiftgig、Toptal 和 99Designs 等网站可以找到几乎覆盖所有行业的高技能专家和顾问。大中型企业都在不断地雇用更灵活的工人从事短期工作。自由职业者队伍在全球范围内以惊人的速度增长，且毫无放缓迹象。

全球化

服务、商品、电信、金融服务和技术等方面的全球贸易呈爆炸式增长，也由此打造出了一支新的劳动力队伍。全球化正变得更具颠覆性。发达国家和发展中国家的员工都明白这一点。在有些国家，已经有人走上街头抗议全球化对其工作造成了负面影响。技术对当前这一趋势产生了巨大的影响。技术的进步意味着世界各地的白领、办公室员工和商业专业人士可能会丢掉饭碗。英国广播公司（BBC）的商业记者蒂姆·鲍勒（Tim Bowler）表示："越来越快的互联网速度在全球范围内变得越来越普及，再加上机器人价格的迅速下降，将使菲律宾或中国等地的工人能够远程向英国这样的国家提供服务——服务业约占英国经济的80%。"（Bowler，2017）

全球化主要影响的是那些可以在世界任何地方完成并通过互联网传送的工作。在线平台使工作更容易在世界各地传播，为世界各地的创意专业人士和专家提供了公平的竞争环境。由于技术的迅猛发展，"工作"的传统性质正在消失。同样的趋势也为那些接受了零工经济的高度专业化人士创造了新的创新型工作。工作的性质正逐渐变成事务性任务交换。在任何地方，哪怕是相距数百甚至数千英里的人之间，都可能建立工作联系。甚至连生活时间和工作时间之间的界限也变得模糊起来。具有灵活性和专业性且能力强的专家正在接受来自世界各地客户的合同工作。

未来的职业

社会经济和地缘政治的影响（比如，技术进步、日益全球化和消费者行为的不断变化）颠覆性发展了工作领域。自动化广受关注，但还有其他因素推动了全球对技术劳动力的需求变化，其中包括软件开发与软件工程、人工智能、增强现实、3D打印和人形机器人。在自动化经济中，既不可或缺又难以（也许不可能）实现自动化的任务将接受时间的考验。相关的两个例子是医疗和教育，这两个领域极为强调情感联系，因此不太可能实现自动化。

在创意产业（写作、艺术、设计和音乐）中，需要原创性、创新性和创意生成的任务不太可能被自动化，因为自动化系统可能会在创造性表达方面遇到困难。人员管理也很难自动化。

最近，对十年前尚不存在的职位的需求正在上升。移动应用程序开发者、数据挖掘者、社交媒体顾问、内容经理和营销影响者（influencer）正受到广泛关注。有人预测，未来甚至会出现更多有趣的工作，包括人工智能管理者、首席数据官和隐私管理师等。

归根结底，职业选择首先应该由自己决定——无论趋势如何，如何度过职业生涯应该始终取决于对自己的技能、能力、个人素质、兴趣和自我期望的评估。不过，工作领域的变化意味着应该投资一个经得起时间考验的职业。如我们所见，未来职业与工作岗位的关系不大，更多的是关乎项目、咨询、合同和短期任务。

为未来做好准备
——纵横零工职场所需的技能

作为一名专家，当下正是接受不断重塑的最佳时机。有了战略规划，今天就能掌控自己未来的发展方向。与其担忧不可预知的未来，担心不断变化会对职业生涯带来影响，不如提前做好准备。企业越来越倾向于雇用独立员工，这拉动了对实时应需人才的需求。许多公司在远程聘用一流专业人士方面表现得非常果断。

> 未来已经到来了，只是分布不均匀。
>
> ——威廉·吉布森

创意行业对自由职业者的需求激增，导致了零工工作的竞争变得激烈。随着对人才需求的增加，独立专业人士更需要提高技能并建立个人品牌（第3章将更详细地探讨个人品牌问题），从而让自己在竞争中脱颖而出。打造成功的合同工生涯需要不同的技能组合。除了打磨专业技能，建立有市场价值、干货满满的作品集外，还有一些行为和技能可以让你为未来的工作做好准备，并确保始终有工作可做。

像企业家那样对待工作

发现机会并主动出击的能力是一种宝贵的技能，作为独立工作者，拥有这种技能才能赢得未来。企业家们往往思维敏捷，能够适应不断变化的商业环境，他们不断搜寻且总能寻找到机会，并采用非常规的工具和方法来应对现有的挑战。

当你完成工作项目后，对自由职业从业者来说更为重要的是发现和挑选下一个最佳项目的技能。从根本意义上说，自由职业者也是企业家。随着时间的推移，你将建立一个客户名单，扩展关系网，并积累出自己的业绩记录。从这个意义上说，自由职业可以提供一条自己当小老板的途径。拥有一点创业热情，独立工作者便可在其职业生涯中占得先机。开始像有创造力的企业家那样去思考吧。这意味着，你不再仅仅为了获得雇用而努力，而是开始打造会逐渐增值的个人商业资产（个人博客、书籍、在线课程）。

情商

为自己工作是一种个人对个人（P2P）的商业模式。自由职业者努力去解决问题，为他人及其企业提供解决方案。如何监控本人和他人的情绪，如何用情绪信息来指导自己的思维和行为，都与自由职业者如何建立商业关系有很大关系。

与客户和相关人士在工作进度方面建立快速联系，这种能力至关重要。随着技术应用于各个业务流程，情商（EQ）将变得更为关键。提高情商有助于与他人建立关系，与同事保持联系，并以最好的方式回应他人。

随着机器智能化程度的提升，它们将执行不太适合人类的任务，如计算、复杂通信、系统思维、数据分析和逻辑。其他需要高情商、同情心、同理心、创造性判断和辨别能力的任务与功能在未来将不断扩展并日益受到重视。高情商会带来竞争优势。与客户建立良好的社交关系，并提供讨人喜欢的关键要素（响应能力、倾听和正能量），有助于建立持久的业务关系。

批判性思维与解决问题

对想法进行概念化处理、将解决方案应用于问题、分析当前的解决方案、评估信息、建立不存在的知识联系以及分析推理等技能对工作都是极其重要的。这些都是雇主要求全职员工、兼职员工和实时应需型咨询人员必须具备的有用技能。如果没有批判性思维，就不能进行创造性思考；如果不进行创造性思考，就没法为客户提出可靠的问题解决方案。

批判性思维和创造性思考密不可分。创造性思考意味着产生想法和过程；批判性思维则评估这些想法，从而做出理性的决定。求异思维有助于以一种完全意想不到的方式解决问题。批判性思考者使业务流程高效，并为问题提供新的视角。因此，我们要改善思维方式，给自己最好的机会去创造未来的辉煌。

谈判

　　每个独立工作者都需要掌握和练习谈判的艺术。这项技能堪称无价，对收入影响巨大。通过谈判来争取公平的工作报酬并维持良好的客户关系是一项关键能力，适用于定价或项目范畴。为了争取并赢得项目或客户，应该坚持自由职业者谈判的基本规则：心中要有目标，了解自己的价值（确立自己的价值）；研究客户，不仅谈钱（还得考虑任务范围、状态更新、截止期限等），对将来会有价值的替代安排（股权、推荐、未来的业务甚至权限）持灵活和开放的态度，谈判时把眼光放长远，要考虑到未来。每一次谈判都要着眼于长期发展。谈判的目标应该是赢得回头客，与客户建立更好的关系。

　　为了提高每一次谈判的胜算，需要做到以下几点：

● 考虑自己希望或需要从结果中得到什么。

● 预测对方可能采取的方法和观点。

● 非常清楚自己的独特优势之所在。向潜在客户推销你的服务将带来的好处。

● 不要因接受一项工作报价而感到压力。如果可以，在开始谈判之前就先达成初步协议。比方说，"如果我们能就细节达成一致，你愿意继续吗？"

社交联络

对独立工作者来说，像其他公司那样去推销自己和自己的服务，会对自己的职业生涯产生巨大的助推作用。社交联络建立关系（relationships），这些关系又产生联系（connections），而联系则可以促进服务的销售（sales）。基本的社交联络（出席相关会议、参加行业活动和见面会）就能对自由职业生涯起到很大的推动作用。无论是线上还是线下，社交联络都会增加工作机会，并增进有助于未来获得工作的人际关系。自由职业者在联合办公区与其他同行会面能获得新的机会，通过社交联络要比冒昧联系（cold contacts）更有可能获得业务推荐。

推介客户、跟进、保持联系，甚至在交付工作后与现有客户保持联系，这些都是自由职业者应该培养的重要技能。自由职业者的作品集（独有的工作方法和最佳工作的结合）可能无法吸引到想要的那么多客户，因为个人和员工始终都是在与他们已经认识的人开展业务。提高社交联络技能，会让零工工作者受益良多，这个过程对长期成功来说很有价值。

适应能力

商业趋势的快速变化要求有一支反应速度快、适应能力强的员工队伍。未来工作场所的灵活性、协作性和流动性会更强。未来的工作世界很快就会这样：无论何时，都是"适应性最强者生存"。变革、不断改进和提高效率在很多行业都受到追捧和鼓励。商业转型永无止境，所以要拥抱变化，学会在不确定的环境中茁壮成长。有了适应能力，便能充分利用新环境，驾驭当前的形势。随着工作领域的变化和新业务流程在快节奏数字化大潮中的涌现，适应能力将成为自由职业者取得成功的关键。雇主希望短期员工更深刻地理解自己所在领域的业务流程。客户希望他们雇用的实时应需人才能够满足不断变化的需求。

除了懂得如何完成工作之外，自由职业者还应该能够与人协作，通过合适的工具与客户进行良好的沟通，并根据项目范围内需求的变化做出调整。无论从事什么行业，自由职业者的成功都取决于其驾驭和拥抱变革力量的能力。在工作方法上锻炼适应能力、提升灵活性，在获得额外技能和打造职业生涯两方面都将受益匪浅。

打造成功的组合式职业生涯

> 职业是一个项目组合，教你获得新的技能、新的专业知识，发展新的能力，扩展你的同事集，并将你作为一个品牌不断予以重塑。
>
> ——汤姆·彼得斯

直到最近，雇主一直非常乐意按照自己的意愿尽可能长时间和员工一起工作。比起在许多行业拥有跨部门经验的员工，他们更看重的是那些拥有娴熟且独特的专业技能的员工。商业模式已经改变，而且在不断变化。如今，企业重视灵活性。在许多行业，与地点无关的工作（location independent work）越来越受欢迎。人们更愿意接受多项短期工作的工作方式。潘特拉公司（Pantera Ventures）创始人兼管理合伙人潘攀（Pan Pan）认为，自由职业者的成功取决于其时不时学习相关新技能、在新的工作领域变得不可或缺的能力。她说："新经济要求人们不仅要随着年龄的增长学习新技能，还要监测市场，以寻找新的机会。"（Pan, 2015）打造组合式职业生涯（portfolio career）[①] 的基本思路是，不把工作看作单一、稳定、有保障、在一个地方即可完成的事情，而是把它看作一组界定个人身份和工作范畴的技能和兴趣。自由职业者不接受单一的工作描述，而是把职业生涯视为成就、技能和能力的组合。组合式的思维和职业很容易就让你成为一个全面发展的人，并在不断变化的工作经济中获得成功。技能和经验越特殊，组合就越有价值。

自由职业者的作品集应该展现其从业经验。一般来说，实时应需工作者不应免费工作，但也有例外：自由职业者如果真

---

① "portfolio"源于财富管理中的资产组合观念。在零工经济时代，就业环境和工作环境都发生了很大变化，犹如财富管理要实现多样化资产组合一样，独立工作者也应该充分运用自己的能力资产组合去赢得并满足不同顾客和雇主的需求。曾有人将"portfolio career"译为"能力资产组合式的职业生涯"，简化起见，本书译为"组合式职业生涯"。——译者注

的相信自己花掉几个小时的时间就能带来真正的长期曝光，并且随之获得客户，就可以为了获得股权、权限或从业证明而工作。如果愿意，可以像作家那样把作品集分门别类，像小众作家那样上传到 Medium[①] 上。也可以提交给流行杂志或出版物，以供考虑是否可刊登。刚开始的时候，可能很难找到机会。在考虑很快建立一个有说服力的作品集的同时，获得一个公开的在线作品集的最简单、最快速的解决方案是在领英提供最新的个人资料。领英个人资料不仅限于列举以前做过的工作。如果已经有了，就进行更新。吸引潜在客户的资料是明显不同的，立即更新是值得的。如果还没有更新，请登录领英个人资料，并访问"编辑个人资料"页面进行以下更改：

● 使用最佳求职照片。这个简单的改变可以增加浏览量。做这件事的同时，还应该考虑最后添加一张封面照片到个人资料中。

● 精心制作一个简洁、以价值为中心的头衔，在潜在客户心目中明确自己的定位。例如，"帮助小企业建立客户友好型网站"。

● 领英个人资料是可搜索的，所以要充分利用每一个分区。不要只罗列过去做过的工作，也要着重列出工作上取得的成就。把自己做得最好的、与技能相关的工作描述出来。

---

① Medium 相当于国外版的"简书"，成立于2012年，现已发展成为一个由作家、博主、记者和专家组成的在线社区。——译者注

- 突出自己最喜欢的工作种类和未来想要的工作类型。

- 如果想吸引客户，就解释自己参与各个项目或合作过的每个团队都需要自己的理由。

- 在总结部分，要简明扼要地说明目前的工作和相关期望。记住，总结要包含关键词，潜在客户在寻找合适的零工顾问时可能会键入这些词。

- 利用发布平台共享教育内容。发布内容有助于增进社交联络，并被视为专家。

- 如果不局限于领英，诸如 Wix、SquareSpace 和 About.me 等工具都是不错的构建简洁、专业且公开的作品集的选择。

如果觉得在一个行业里安身立命和攀登职业阶梯算不上自己可以全力以赴的目标，那么组合式职业生涯可能更适合你。组合式职业生涯可以完美体现你的全部风采，并且其带来的自由度、灵活性和自主权会相应地增加工作流。

练习：如何找到合适的技能并加以培养

- 在专业上，你想凭什么为人所知？

- 如果有合适的技能，你会选择什么职业？为什么？

- 如果有时间从事自己喜欢的项目，你会做什么？

- 在目前的工作领域，你离成功还有多远？

- 你可以采取哪些步骤成为本领域的专家？如果正在学习一项新技能，你需要多长时间？
- 你的动机、需求和技能是什么？为了找到令人满意的机会，你愿意做什么或放弃什么？
- 你真正擅长做什么？
- 什么能激励你，什么让你感到无聊？
- 上一次超额完成任务或项目是在什么时候？是什么任务或项目？你为什么那么努力？
- 在目前所有的工作角色中，有什么是你愿意免费做的？

回答完这些问题后，仔细看看你的答案，可能会找到指向正确方向的清晰模式。立即把答案分享给导师、朋友或同事。客观的旁观者可以帮助看到可能遗漏的内容。知道你看重什么、喜欢做什么以及想在未来十年因什么而出名，是开始厘清你想从职业生涯中得到什么的好方法。想想其中的可能性，考虑如何把目前的技能水平与激情相结合，以帮助自己打造辉煌的职业生涯，走上专家之路。

重塑你的职业生涯

独立工作革命即将爆发，刚刚露出苗头。不断变化的经济使世界各地的专业人员能够与世界各地的企业分享他们的技能和专业知识。零工工作的机会正在迅速增加。如果灵活性和自由度是工作方式中的重要因素，那么现在是时候拥抱零工经济了。

在过去，工作意味着忠于一家公司。如今，对成千上万人来说，实时应需工作正在成为理想的生活方式。人们越来越多地设计自己的职业生涯，以适应其多样化、不断变化的抱负和兴趣。现在，跳槽更容易了，几乎毫无困难。工作生涯正逐渐转向为一系列连续的项目。人们会选择那些能发挥自己最大潜能的项目。重塑是职业生涯的转变，在此期间，结束一个篇章后，又进入到新的篇章。过去，人们在找到工作或者职业稳定后，会鄙视变化；如今，变化成了稳定的重要组成部分。在许多行业中，只有把变化作为工作的一部分加以接受，才能实现职业稳定。

要想在任何职业中生存和发展，必须不断重新定义和塑造自己和自己的职业。许多人重塑自我是因为他们厌倦了以前的生活或职业。另一些人被迫重塑，则是因为他们的工作消失了，或者生活中的其他一些事要求他们在一个新的形势下重新开始。对今天成千上万的人来说，重塑是一个深思熟虑的职业选择。无论重塑对你来说意味着什么，它都可以适用于你的特定情况。根据美国招聘公司凯业必达（Career Builder[①]）2017 年的

---

① CareerBuilder 是一家全球性的端到端人力资本解决方案公司（网站），致力于帮助数百万人找到工作，并为成千上万的雇主寻找、聘用和管理他们所需的优秀人才。——译者注

预测，超过一半的雇主正在寻找合同工，比上一年增加了47%（Braun，2017）。当你决定从事零工工作时，将面临很多选择。员工们一直都在接受短期工作。你有的是机会。无论从事什么行业，都有在线市场有助于找到工作，你甚至不必立即辞掉目前的工作去从事独立工作。在准备成为一名全职独立顾问的同时，还可以兼职做零工来建立自己的作品集。也可以就跳槽去做兼职工作一事跟雇主打完招呼后直接进入自由职业行列，这样能有一段自由时间去开创新职业。是时候重新塑造作为独立顾问的职业生涯了。如果渴望更多的自由度和灵活性，并愿意为之努力，你的人生将就此脱胎换骨。

是否需要做出改变，这往往取决于你的立场——是对未知的未来抱有恐惧之心，还是想要获得成长的机会。做出对自己要求更高的选择，打造自己一直想要的生活。不要陷入单一的、没有成就感的追求中。要开始创建一系列的工作作品。不断培养和磨炼多种技能，以夯实自己的核心技能。

职业评估

热爱所做之事是一件美妙的事：既可以改善财务状况，又可以在每次接受新任务或新项目时获得额外的成就感和满足感。工作时光会成为一种享受。如果对下一个职业选择感到犹豫不决，就花点时间去评估一下自己的技能。

为了掌控余下的职业生涯，首先要完全列出自己的胜任范围，并把自己可以考虑和追求的领域缩小一点。找到应该考虑的技能有一个简单方法：回顾一下当前简历上的工作和职责。哪些是你喜欢做的？每项工作中，哪些任务是你最喜欢的？把它们记下来。这个简单的操作不仅有助于你找出几件让自己感到兴奋的事情，还可以帮助你找出需要学习或已经掌握的东西，以便实现打造组合式职业生涯的最终目标。

能否打造成功的独立职业生涯，取决于你擅长做什么。强项让你充满活力。想想你所做的那些能让你有最佳发挥的工作。人们在做自己热衷的事情时，会忘记时间，全身心投入。是什么让第二天去工作时如此兴奋？未必是工作，而是因为在工作时做了不同的事情。如果最终决定为自己工作，这些线索将有助于发掘自己的优势、热情和兴趣之所在。更多地关注最宝贵的才能和从工作经验中获得的技能，它们有助于人们选择合适的、让职业和生活更有意义的任务、项目和零工。

审视在当前工作角色中体现出来的能力、技能和兴趣，找出自己的兴趣交叉点，把能完全掌控任务的时刻记下来，这些时刻是确认你优势所在的线索。在选择为自己工作时，集中关注有兴趣使用的技能，并确定可以使用这些技能的地方和方式。有时候，你将来想关注的未必是自己擅长的，而是自己真正想做的。在这种情况下，就应该去提升这些技能。根据新的职业选择来评估自己的具体背景。如果已经决定了如何推介自己的专家身份，那么就重塑自己的成就和技能，使之与未来的前途关联起来。可以通过写下自己当前的工作或已经完成的项目中喜欢和不喜欢的地方来快速盘点自己的职业生涯。知道自己正在为自己真正喜欢的事情做准备，职业生涯实现巨大转变会变得更容易。

职业评估练习

转行是一项重大决策。进行职业评估的一个好处在于，让自己在潜在问题发生之前识别并解决它们。职业评估让人们能够有机会确切地了解现在和将来的自我期望。无论它是意味着在当前的职业中接受新项目、提升技能，还是转入一个全新的行业开创新职业，评估都有助于设定现实、可衡量的目标。这种清晰感可以帮助人们掌控自己的生活。

从事一份有成就感的职业可以极大地增加快乐和自信，提高整体幸福感。当准备好进入职业生涯时，下面这些问题可以帮助人们在正确的方向上采取行动。分析答案，寻找指引你做出决定的线索：

- 我真正擅长的一件事是什么？
- 我真正想从生活中得到什么？
- 我对自己的日程有多大的掌控力？

- 在工作中，哪些活动对我有好处？

- 在工作中，我最喜欢做的是什么？

- 我因什么而为人所知？

- 当前的工作有助于我实现长期目标吗？

- 我是否具备在新的兴趣领域工作的技能？

- 我的技能能适应工作方式的不断变化吗？

职业转换

以上述职业评估练习中的问题为指导，在脑海中就理想的未来和自我期望构建一个形象。花点时间去想象一下自己可以追求的不同职业选择。想一想各种可能的生活方式，哪一种最能说明现在和将来你想要什么。利用自己在未来的不同形象来指导早期的职业决策。这样做是为了让你对自己想要的生活方式及其实现路径有所了解。如果想想任何特定职业所带来的生活方式，能让自己对追求那条道路感到兴奋，这就算匹配得不错。这是建立有意义的东西的起点。

更进一步，详细写下理想中的完美职业。在日记中描述理想的自我，包括自己的技能、能力、潜在客户，甚至日常计划的大致情况。一旦了解自己想要的理想生活方式是什么样子，就可以开始调整现在的生活，并做出让自己更接近完美职业的决策。如果你认真对待这种训练，就会开始有意识地做出决策，以提升目前的技能，改变花时间的方式和关注的重点，从而过上自己想要的生活。即使没有在职业生涯中做出重大改变，也会在这个过程中对自己有更多的了解。

梦想的生活方式让你有机会做更好的自己，它可以帮助你发现以前在规划过程中被隐藏的潜在路径。这一行为可以帮助人们审视自己当前的生活和未来的目标，开放性地思考如何让生活变得精彩。通过重要的职业转变，可以做最好的自己，无怨无悔。这需要个人牺牲。《超越框住的人生》（*The Art of Non-Conformity*）[①] 一书的作者克里斯·古里博（Chris Guillebeau）在其自由宣言《主宰世界简明指南》（*A Brief Guide to World Domination*, 2018）中指出："你必须能够花大量时间来提升自己的技能。你想要的不只是足够好就行；你想要的是卓尔不群。这其中的含义对每个人来说都不同——有些人能够在业余时间追求主宰世界，而另一些人则需要投入更多的时间。"

职业转换练习可以帮助你实现长期的职业目标，并专注于那些未来对你来说重要的事情。从短期来看，当你准备好接受独立顾问的生活时，这种练习将帮助你采取可行的步骤，比如提升技能，以便在未来获得成长并做得更好。当你努力打造自己的梦想职业时，你将从事自己喜欢的工作，并有更多的时间和精力做自己喜欢做的、有趣的活动。

---

① 本书中译本《超越框住的人生：如何在常规的世界过不平凡的生活》由海天出版社出版（2012，王祖宁译）；也有人译为《不顺从的艺术》。——译者注

如何利用信息访谈来确定职业发展道路

想要找到需要了解的有关某一特定职业道路的一切信息，最好的一个方法就是对该领域的从业者进行非正式访谈。

在为获得信息而进行访谈时，试图去发现有关对方工作的全部内容。单纯的好奇心就蕴藏着未开发的潜力。通常，在网上找不到职业领域方面最新最真实的信息。如果你仍在寻找可以联系的人，可以很容易地在领英上找到合适的访谈对象。也可以从自己的关系网中找出合适的人代表自己去联系心仪的访谈对象。一旦联系上，就要提前把访谈目的向对方说清楚。

如何写第一封电子邮件

- 电子邮件要简短。表明身份，说清如何跟对方联系上的。比方说，是朋友推荐的。

- 让对方知道你不是在找工作，也不是求推荐。

- 不要附带简历。访谈仅限于了解对方及其所做的工作。

- 请求对方抽出 30 分钟的时间回答几个问题。可以建议一个日期，同时让对方知道其他日期也行，看对方是否方便。

- 感谢对方付出宝贵的时间。

一旦对方接受了访谈请求，就要进行调研并尽力了解他们。

在对方的公司网站、个人主页、博客和社交媒体账户上阅读他们的信息。

要问的问题

想从他们那里得到哪些信息，就提出相应的问题。避开封闭式的问题，重点提一些开放式的问题，让对方可以谈论自己。例如：

- 你是如何选择现在的职业道路的？
- 你是如何迈出第一步的？
- 你典型的一天是什么样子的？
- 到目前为止，你吸取了哪些重要的教训？
- 在这个行业工作，最有收获且最具挑战性的事情有哪些？
- 在进入该领域之前，你希望有人告诉过你什么？
- 你觉得我还应该和谁对话？

这些问题的答案应该有助于你弄清自己是否愿意花一天时间去做同样的事情。访谈结束后，立即发送一封电子邮件，感谢对方的时间付出。访谈结束后，可以以小规模兼职的方式尝试一下你的四大职业选择，找出哪种职业是自己喜欢做的，且能带来必要的满足感。如果从事目前工作的经验很丰富，将来把自己推介为专家或顾问就更容易了。如果某个职业能给你带来个人满足感，却不具备相应的技能，那就学起来。再培训可以帮助你成为自己想成为的那种人。工作之余抽出时间来提升自己的技能。在尝试之后，便可以就目前的工作做出决策。如果已经充分掌握了下一个职业及其前景的信息，就可以递交辞呈。在没有固定收入的过渡阶段，要做好一切必要的财务安排，以照顾好自己和家人。

关键知识点

- 工作世界即将出现革命性的变革性发展，但你完全有能力做到：自己对雇主而言依然是不可或缺的。

- 尽管自动化带来诸多挑战，且对全球劳动力有重大影响，但工作不会完全消失，只是许多工作要被重新定义。

- 在继续打磨现有技能的同时，面对新机会保持灵活性和开放态度是值得的。

- 在不断变化的工作环境中，以本行业专家的身份推介自己可以让你占得先机。

- 可以轻松地同时为多家公司担任顾问而不是为一家大公司工作的职业是使你的收入来源多样化的独特方式。

- 作为一系列充实的经历，工作会让你在行业中茁壮成长，同时还能赚钱，会更快乐、更充实且无比灵活。把每一次新经历都看作是对自己正在构建的作品集做贡献，而不是服务于单个雇主或客户。

- 作为所在领域的专家，要提前考虑并处理好的是：弄清自己正在争取的具体结果有哪些，并积极寻求符合专家身份的结果。

- 在未来，你需要掌握的最重要的技能包括：像企业家那样对待工作、情商、谈判技巧、建立更好的联系并扩大交际圈的能力、批判性思维和适应能力。

第 3 章

零工工作者如何建立独立品牌并提高声誉

个人品牌就是人们对你的看法：他们如何描述你——类似于你如何描述一位名人或一家公司。你或许只忠于一个雇主,但简单改变一下心态就能让职业生涯全然不同。

> 为你想要的职业，而不是你现在的工作，树立你自己的品牌。
>
> ——丹·斯柯伯尔

即便是全职员工，也可以投资于个人品牌。本章将讨论为什么个人品牌对自由职业者的成功很重要、作为"单人公司"（business of one）如何取得成功、如何利用网络媒体来提升个人品牌以及个人声誉如何能决定业务的成败。

打造个人品牌

打造品牌是一个重要的目标，不仅对《财富》100强公司来说如此，对那些自称为专家、顾问或自由职业者的人来说也是如此。多莉·克拉克（Dorie Clark）在她的著作《脱颖而出：如何找到突破性想法并围绕它建立追随者》（*Stand Out: How to find your breakthrough idea and build a following around it*）中解释道："在当今竞争激烈的经济中，仅仅做好工作是不够的。树立专家身份的个人品牌，会吸引那些想要雇用你、想要与你及你的公司开展业务合作并传播你的思想的人。这是确保职场无虞的终极形式。"（Clark，2015）多莉的解释再完美不过了。全球对实时应需型劳动力的需求日益增长，这对独立工作者而言意味着要做这样一件事：争夺客户。现在自我营销比以往任何时候都重要。随着在业务、合同、客户和顾客方面的竞争越来越激烈，建立品牌已经成为一种职业要求。个人品牌是所有实时应需员工取得成功的关键。

你的品牌是需要在线上、线下、所选择的行业和社交媒体上进行全面管理的东西，保持一致性是关键。今天，树立个人品牌可能比以往任何时候都容易，但如果不提供新颖、独特、更有价值和更实在的东西，想脱颖而出并赢得客户却变得更困难了。不过，零工经济时代为全心投入的专家提供了无限的机会。如果树立起实实在在、激情满满的个人品牌，你就一切尽在掌握了。你可以选择客户。把自己作为品牌推介，是重塑自己从零工工作者向紧缺的独立合同工转变的关键之一。无论是想升职，还是争取到大客户，或者只是开启自由职业生涯，有一点是肯定的：你得脱颖而出。必须学会如何代表自己说话。任何行业里的每一位专业人士、专家或顾问都算是一个品牌。无论选择何种职业，你就是一家"单人公司"，你的成功取决于自己的个人品牌。在任何职业尝试中，要获得成功或确保有回头客，至关重要的是让你独特的价值令人难忘。

界定目标

建立令人难忘的个人品牌，要围绕以下关键问题进行：你是谁？想实现什么目标？如果能找出最佳答案，就能创立引人注目的个人品牌。

当准备重新定义自己在工作领域中的角色时，明确个人目标可以为成功奠定基础。在整个职业生涯，都应该在头脑中设定目标。打造最好的"你的品牌"，需要了解并界定短期目标和长期目标。品牌建立的过程是需要时间的。因此，重要的是确定目标并让品牌与目标匹配起来。创建成功的独立品牌的第一步是整理思路，设定未来几年的个人品牌愿景。

你擅长什么？在未来一年或五年的职业生涯中，取得什么成就最令你感到兴奋？是想攀登前途不明的公司阶梯，还是想提升专业技能，服务于多个客户？当有受众或潜在客户看到你的个人资料、作品集或与你首次接触时，你希望他们排除什么印象？想打造什么样的品牌？对这些重要的职业问题的回答对你的成功至关重要。

目标设定练习

作为一名专家，你想要实现的总体目标是什么？这个简单的练习是有助于实现职业目标的重要一步。

1. 在日记上做记录，写下你希望在未来五年和十年内实现的所有目标。

2. 把目标分为职业、专业发展、家庭、健康和休闲五大类。可以添加到这个列表中的宽泛类别没有数量上的限制。

3. 为每一个类别设定时间表。有些类别会比其他类别更紧迫。根据重要性进行排序。你可以专注于未来 12 个月、5 年和 10 年，具体取决于你想在尽可能短的时间内实现的那个最重要的类别。

4. 为每一个类别设定目标，尤其是所选择的为短期目标时，应采用 SMART（具体的、可衡量的、可实现的、现实的和有时限的）格式。例如，为了在未来 12 个月内转行，列出你每周和每月需要采取的行动，以推动自己朝着那个目标不断迈进。清单上的项目可能包括：构建领英个人资料，确定一项将自己定位为专家的技能（一旦拥有将对你的职业生涯产生最大影响的技能），购买域名，建立个人网页，创建营销信息，建立其他社交资料，参加职业重塑课程，要求现任雇主重新定位顾问的职责，最后以全职员工的身份提交辞呈。

5. 把目标细分成更小且容易实现的转折点。在描述活动时越详细越好。

6. 计划每周、下个月，或者接下来的每个月、十二个月。每个星期或每个月，列出两到三个你必须完成的活动。在清单上花时间，并制订计划来实现它们。这是实现人生任何重要目标的唯一途径。

7. 为了帮助你实现自己的目标，把它们写在便利贴上，放在方便看到的地方，提醒自己每天都要采取行动。这样有助于你每天或每周进行回顾和衡量。

单人公司

职业意识强的实干派奋力争取的那种工作生活，只有从事与地点无关的职业才能实现。为了适应新的工作世界，必须为自己的职业负责。把自己想象成一个"单人公司"，能够与多个客户合作。开创自己梦想的工作和职业，是过上自己想要的生活的最好方法。为了让职业生涯有一个理想的未来，得自己当老板——掌控自己的职业，寻找并抓住合适的机会，并在这个过程中建起令人惊羡的作品集。

这样想吧：如果你失业了或者雇主破产了，你赖以存在的技能、经验和个人特质并不会消失。如果你的顶头上司辞职了，你的生活也不会停止。你独有的技能是自己的，谁也夺不走。越早意识到你对自己和自己的职业多么有用，对你未来的前景就越好。麦肯锡高级合伙人伦尼·门东卡（Lenny Mendonca）说："把你的职业生涯想象成一系列经历。"你的自由职业者生涯是过去工作的合集。你只能随着时间的推移变得越来越好。

像企业家一样思考

　　成功的独立顾问都是积极主动的。作为零工工作者，要想成功，就应该像企业家一样思考。企业家心态的特点是积极主动、敢于冒险、不怕风险和坚毅顽强。在所有行业中，最成功的实时应需员工有这样一个共同点：积极主动地管理自己的职业生涯。在零工经济中处于领先地位的人，不会等到职业出现紧急状况后才开始重塑自我或更新作品集。他们会采取创新的方法来管理职业，做比普通人更多的事情。

　　向潜在客户推销你的服务，其实就是在推销自己。你正在打造一个经得起时间考验的"你的品牌"。将自己的才华转化为别人信任的品牌业务是职业生涯中的重要一步。未来十年，许多行业会需要大量的实时应需工作者。如果有意在今天、明天和未来赢得客户业务，就需要专注于建立自己独有的作品集。这是在与现有公司争夺客户的竞争中获胜的唯一途径。

因为过去的工作，或者因为曾经与你有过合作并相信你会兑现承诺，人们和企业会选择与你合作。在所选择的职业中具有可信度，这是为了给受众和客户带来巨大改变而持续加班的结果。与任何新公司一样，打造成功的"单人公司"也需要时间，需要规划。

利用网络媒体

营销专家认为，在线展示自己就是 21 世纪版本的与客户的首次会面。赛思·戈丁（Seth Godin）、蒂姆·费里斯（Tim Ferriss）、加里·维纳查克（Gary Vaynerchuk）、托尼·罗宾斯（Tony Robbins）等都是富有英雄色彩的人物，在线上和线下都拥有自己的空间。想想你最喜欢的影响者或思想领袖。他们凭什么让你认识他们？可能是他们的个性、他们的公司、他们宣扬或传授的东西，或者三者兼而有之。打造经得起时间考验、有影响力的职业生涯永远不会太晚。

使用网络媒体平台可能是向公众推销自己专长的最有效的方法。只需要投入相对较少的时间和金钱就可以得到最大限度的曝光。这样想：如果安排时间和一个潜在客户共进午餐，进行一对一的交流，要花一个小时去给人留下印象；但如果写一篇有教育意义、可永久阅读的相关博文，相当于花两三个小时就给成千上万的人留下了印象。

你做的每一件事，比如线上或线下的分享，都是在逐渐形成自己的个人品牌。个人品牌与职业声誉密切相关，所以要认真对待——目前的身份暴露了你的什么？毫无疑问，谁要是想和你一起工作或者以合同方式雇用你来解决其业务问题，都有可能去搜索网站查你，所以你应该定期在线自我审核：注意个人资料的一致性、色彩和社交媒体账号。现在，去搜索网站的搜索栏键入你的名字，见证世界上最流行的搜索引擎向世界展示了你的哪些信息。如果对搜索结果感到惊讶或尴尬，试着去做点什么。你过去在网上发布的每一段内容（文本、图像、视频）都可以予以管理。必须以最好的方式树立声誉，以反映你对自我期望的形象。定期搜索自己，并通过发布你希望别人看到的内容，有意识地影响搜索引擎披露的有关你的内容。你可以借助社交影响力评分网站克劳特（Klout）来衡量自己在专业领域的影响力，并找出成功的影响者是如何扩大其受众的。

展示你的作品

树立个人品牌可以在联系行内相关人士方面带来竞争优势。写博客是在网上发声的最好、最便宜的方式之一。博客是你对小众话题发布建议、想法和意见的中心。过去三年里，我一直在 Medium.com 上发表关于如何提高工作效率和改善工作结果的帖子。在过去的一年里，诸如《商业内幕》（*Business Insider*）、《赫芬顿邮报》（*Huffington Post*）、《思想目录》

（*Thought Catalog*）、《公司》(*Inc. Magazine*)、Quartz 和 CNBC 之类的在线出版物纷纷在 Medium 上转载我的部分博文内容。这为我作为作家的职业生涯提供了很多机会。从这些领先的托管博客平台中任选一个去访问，由此可轻松创建博客，并按照说明设置你的账户：medium.com、wordpress.com 或 wix.com。除了写博客之外，你还可以通过在活动中发言、与他人合作主办活动、会议、播客和网络会议来创造与他人见面和接触的机会。你可以开始兼职，同时做好重塑独立合同职业生涯的准备。如果你目前在职，要弄清公司制定的博客政策，不得违反任何规定。把个人的品牌创立事务和公司的品牌宣传工作区分开。考虑写有关自己的专业知识和行业的博客文章，但不要涉及雇主。

你的博文应该聚焦于以下内容：自己的专业能力；目标受众的担忧、问题和挫折；以及你向受众传递价值的独特方式。人们希望你的博客能彰显个性，成为人们了解你的一个小窗口。

推广品牌和建立合适的关系都需要时间，因此要专注于提供令人惊叹的教育内容。强大的品牌和独特的个性都需要时间来建立。关键是要保持职业发展的势头，不要停止重塑自我。不是每个行动都完美无缺，获得你想要的结果需要时间，所以不要因为你尚未得到结果就停止，坚持不懈终会得到回报。随着职业生涯的发展，改善你的品牌，并回顾你在目标、技能和能力方面的进展。个人品牌还得更好地服务于受众和客户。不断发展自己的品牌，这意味着要想出新方法来兑现个人品牌承诺。

为自己的声誉代言

在零工经济中，声誉和品牌一样重要。品牌是向别人或客户展示自己的方式。零工工作者控制并决定如何为自己的品牌代言。品牌是长期行动的累积，良好的声誉则是对零工工作者最好的宣传。

> 如果你的声誉掌握在他人手中，那么这就是他人的声誉。你无法控制。你唯一能控制的就是你的角色。
>
> ——韦恩·戴尔

大家都喜欢和声誉良好者共事。他们是可以信任的人，是有信誉的人。实时应需工作者要成就职场辉煌，是需要时间的，得靠长年踏踏实实的工作和坚持不懈的努力。好消息是，和几位客户打交道之后，你就拥有一定的声誉了。这将为你的职业生涯打下良好的基础。

长期声誉能保证总有工作可做，它取决于你在发展过程中遵守的工作伦理和建立的客户关系。认真对待客户关系，并同你选择与之共同工作的每一家企业或客户都建立良好的关系。这可以帮你在未来得到更多的工作。如果你的客户不愿意把你介绍给别人，那一定是出了什么问题。此时，你便应从客户那里寻求反馈来改善自己的工作方式。

不要把常规礼仪和工作透明度视为理所当然。要建立你作为独立合同工会超额履行承诺的声誉。最好是适度承诺，超值服务，让客户满意。如果想被认为是自己领域里的权威，每一个细节都很重要。

声誉会受到一些因素的影响，其中包括你的作品集、工作习惯、客户评价、所完成的项目、别人的看法以及你在行业中的权威。良好的声誉有助于吸引客户。

关键知识点

● 打造强大的品牌是脱颖而出的唯一途径。

● 从一开始就确立自己的目标。

● 了解自己的品牌声音，始终如一地提升自己的声誉。

● 加强社交，打造公众知名度。作为独立的零工工作者，你
能做的最好的事情就是让别人意识到你具备专业技能。

● 博客是扩展品牌声明的好方法。创造和分享能强化品牌并
提升技能的教育内容。

● 好品牌证明有好声誉。要专注于建立声誉，不过这需要时间。

第 4 章

在零工经济中
找工作

差异化对寻求新挑战和新客户的自由职业者具有很大的影响。本章将探讨自由职业者应该采取哪些行动去找工作，并讨论追求目标驱动型职业的理由。还将考虑把自己定位为零工工作者的重要性、有限自由工作的价值、找到第一个客户的方法、建立真正的线下联系的理由以及为什么创建自己的项目是为自己工作的最佳方法之一。本章最后将分析为什么与其他自由职业者合作很重要。

定位

作为一名独立工作者，成功在很大程度上取决于定位。定位关系到向潜在客户传达正确的信息。作品集是以最佳方式来定位自己，以尽可能好的方式吸引客户。传统上看，作品集是你工作的集合，旨在激发潜在客户的兴趣。要得到最好的工作，甚至让潜在客户联系你，就得重新审视作品集的价值。作品集得呈现你的工作质量，并传达有助于企业做出与你合作的决定所需的信息。能解决问题的作品集才能帮助你获得受聘机会，而让人对你的能力产生质疑的作品集不会让你走得很远。在作品集中不要只是罗列自己的技能；要分享过去为客户或雇主解决过的问题。此外，还可以使用客户评价来证明自己的技能。

自我定位做得好，就能脱颖而出，自我价值就在客户面前彰显无疑。要指出为何自己与其他人不同，阐明你才是这项工作的最佳人选的理由。

打造目标驱动型职业生涯

你可以在职业生涯中做很多事情，但是那些最成功的人已经找到了满足、金钱和心流[①]（一种不需费劲就能把工作做得最好的心理状态）的完美结合。选择那些能够实现更高目标的项目。激情才是实现梦想的所有理由。自由职业会占用大量的高效率时间，所以有必要做那些能激发你最佳潜能的项目。是的，你得靠工作来支付账单，但工作不仅仅是一种谋生手段。如果不喜欢所做的事情，那么即使是为自己工作，也会痛苦不堪。有了目标，就可以大大方方地拒绝那些可能带来压力或有违自己道德准则的项目。有目标的独立工作能让你在面对自我雇用

---

① 心理学家米哈里将心流（flow）定义为一种将个人精神力完全投注在某种活动上的感觉，心流产生时同时会有高度的兴奋及充实感。——译者注

过程的酸甜苦辣时保持韧性和力量。追求职业成就需要时间，也需要练习，是一个过程，而非终点。发现你所关心的事情，从所做的事情中赢得声誉，积累职业资本，这些都需要一点时间，但值得付出。

> 除非是一种伟大的生活，否则不可能是一种有意义的生活。没有有意义的工作，很难拥有有意义的生活。
>
> ——吉姆·柯林斯

提供有限的免费建议

免费工作名声不佳。在《真正的艺术家不会挨饿》一书的作者杰夫·戈因斯（Jeff Goins）看来，"免费工作并不是我们通常认为的'机会'，机会不会为你买单"。（2017）

杰夫认为，忍饥挨饿的艺术家免费工作，工作忙碌的艺术家懂得自己价值几何。但对许多刚刚起步的独立工作者来说，免费工作可能是获得有价值的曝光、建立有吸引力的作品集、建立起联系、获得推介和客户评价的必要步骤。赛斯·戈丁（Seth Godin）是一位有影响力的商业博主，写过 18 本全球畅销书，他曾经说过："在某些情况下，这是非常有道理的。你可能是在为你关心的事业添砖加瓦，或者更有可能的是，在从工作中获得可信度和关注度的同时，正好打磨自己的技能。"

　　为潜在客户免费提供建议或免费解决小问题可能不太理想，但能带来新的机会。这种做法并不适用于所有行业，但可以采取不同的方式来获得曝光度，包括免费样品、赠品、折扣、免费试用和下载等。与其引导人们访问你的网站以了解你的服务和你能做的工作，不如提供一些有价值的东西，让他们可以尝试几分钟、几小时或几天。可以从为慈善机构或非营利组织提供免费服务开始。精心挑选的免费项目将帮助那些需要帮助的人，并改善历史工作记录。作为交换，你可以要求客户写推介和评价。在开启独立职业生涯之初，推介是最得力的朋友。实时应需工作是一条建立在推介基础上的职业道路。如果你开始写业内博客，免费教育受众，将会吸引到业内的目标客户。HubSpot是一个集客式营销和销售平台，它有一个非常活跃的博客区，通过博客文章和电子书教育潜在客户。颇有影响力的营销专家尼尔·帕特尔（Neil Patel）也发布免费但有价值的博客文章和电子书来帮助其读者学习市场营销的基本原理。要帮助一些人解决他们的问题。如果有人对你免费提供的东西感兴趣，他们未来是有可能付费的。营销人员在向潜在客户推销产品之前，就用这种方法来吸引他们。别人在了解你后，会更容易喜欢你，进而信任你，从你那里购买产品或选你做项目。通过这种方法，可以建立有意义的客户关系。在你的网站上，如果提供免费下载、教育性行业清单、培训练习或报告，可以用这些内容来换取电子邮件地址和注册信息。选择免费提供服务，可能需要一段时间才能赚到钱，但是值得的。即使未来没有赢得一家公司的业务，至少已经建立了一些有价值的作品集，或者收获了一些值得向未来客户提及的东西。

赢得第一位客户

赢得第一位客户可能会令人生畏。不要想着赢得几十个可以与之合作的客户——专注于只赢得一位客户，然后在此基础上扩大客户规模。为成功解决潜在客户的问题而提出不错的建议，可以采用下面的框架体系：

- 找出问题——你想要为客户解决什么问题，他们有哪些需求、目的和目标。说清这个问题如何影响其基线收益，以及你能为此做些什么。

- 推荐的解决方案——你提供的解决方案、解决策略、行动计划以及为什么你有解决这个特定问题的独特优势。在某些情况下，可以提供解决方案来赢得未来的业务。

- 费用和项目进度计划——如果是根据你打算如何解决这个问题来推销，就不要提供带有以下内容的解决方案，包括你的时间表、费用结构、成本、付款期限以及兑现承诺的速度等。

开始提交建议时要有耐心。可能需要一打建议才能赢得第一位客户。要不断尝试去修正建议，反复思考你为每个客户制订的策略和解决方案。职业转型需要时间。在服务了一些客户之后，寻找新客户的策略会得到优化。随着你的成长，可以尝试构建结构性的业务系统来处理日常工作。

首次零工工作练习

这个简单的练习有助于缩小范围，让人们专注于首次做零工工作时应该做的几件事：

● 买个本子，把做得好的事情都写下来。什么都不要漏掉。列出能做的一切可以营销的事情。对自己诚实，不要浪费自己的时间。建议在这件事上所花费的时间不要超过一个小时。休息一下，如果可以的话回头再做。大脑处于放松状态时，才会想到一些事情。

● 返回清单，挑选那些你可以快速获利的项目。在你看来，人们愿意为清单上的什么买单？你能轻松地做什么并得到报酬？清单上有没有什么人们当前愿意为其他自由职业者或企业提供的服务买单的项目？

● 只从清单上选择一件你想尝试且能赚到钱的事情。什么都行：写作、编辑、网站设计、摄影、社交媒体咨询、跑腿、送货、兼职驾驶、在线研究、健身指导、出租额外空间、护理、家教、活动策划等。任何现在就能做且可以获得报酬的事情，都可以尝试。

- 只写一句话来描述你想如何推销自己。例如，"我是一名自由职业者，我创建了令人惊叹的脸书专页"，或者"我为新创业者设计网站"。这是重要的一步，因为自我描述对找到零工工作来说很重要。你需要用这个标题来向受众或潜在客户展示自己。这句话要与在线平台上的提法保持一致。

- 谁是你的目标客户？谁有可能购买你的服务或雇用你？这些问题的答案有助于你吸引合适的客户，并把你的努力方向调整至合适的零工平台。

- 一旦弄清了目标客户，就制订一个可见性计划来吸引第一位客户。问问自己谁需要知道你是谁和你擅长什么？大多数情况下，可以利用在线平台来寻找潜在客户（本书第 10 章将讨论零工求职在线平台）。

- 成为全职零工工作者的最大障碍就在于找到第一位客户。这似乎让人难以承受，但只要态度端正、坚忍不拔且心无旁骛，你会很快振作起来，付诸行动。

让客户更容易找到你

新合同工面临的最大挑战之一是寻找客户。每一个自由职业者的旅程都是从寻找客户开始的。在领英、Medium 和自己的博客上分享你的工作。添加共享功能，允许人们与他们的受众分享你的免费资源。通过领英与其他商务人士分享更多的行业资源。线上线下建立关系，不断向受众和客户展示你的价值。

一旦你开始分享你的工作，就更进一步。不要只是等着公司来找你——让它们很容易就在很多不同的地方发现你的工作，这样它们就别无选择，只能主动联系你。个人理财博主兼自由职业战略顾问米歇尔·施罗德在接受《福布斯》采访时说："现在我已经建立了一个庞大的受众群，我的大部分收入来自联盟营销（affiliate marketing）、出售广告位和管理其他一些网站的内容。"（Robinson，2016）。施罗德利用她的金融 MBA 学位为金融相关网站撰写内容。

布兰登·西摩（Brandon Seymour）是一名内容营销搜索引擎优化服务（SEO）和转换优化顾问，他使用相同的内容营销方法来吸引客户。西摩利用 Moz、Search Engine Journal 等网站来树立权威。他在接受罗宾逊采访时说："特别是其中一篇文章为他建立了联系，从而在一年的时间里为他带来了约 4 万美元的收入。创造一些值得行业领袖或在自己领域里领先的出版商重复发表的东西。在当今时代，这是被发现的最好方式之一。人们需要看到你能兑现承诺的证据。

安排时间联系

寻找优质客户并为未来建立更好关系的最好方法是寻找和

参加小范围的会议、活动、会面和社交活动。让公司更容易对你的服务感兴趣。去参加任何符合兴趣的社交活动，简单地告诉人们你在做什么、做过些什么。

　　网上就有很多社交活动。小城镇偶尔会举办相关活动，所以要多加留意、积极参加，做到为己所用。即使这些活动不能立即带来客户，但如果留下了好印象，且随后加深了关系，你遇到和联系上的人也会把你的工作和专业知识告诉给他们其他公司的同事。无论活动类型和举办地点如何，都得努力去找不认识的人交谈。比起在网上等待被发现，面对面接触的成功率要高得多。Meetup.com、Eventbrite.com 甚至脸书上都有很多活动和会议，可以免费或以极低的费用参加。成长实验室（Growth Lab）的创业家兼作家路易莎·周（Luisa Zhou）在 11 个月内通过在线社区赚了 110 万美元。周在一篇帖子中写道："我开始把所有的空闲时间都花在潜在客户在线的地方（免费的脸书群组），通过分享有价值的内容和回答任何有关广告的问题，直接与他们互动。就这样，我赢得了第一个客户。"（周，2017）通过帮助一位女性发起一场广告活动，她获得了一份金额 5000 美元的合同。她最初提供免费建议，后来受邀做了一个相关项目。你可以使用类似的策略来赢得第一个客户。在在线论坛上帮助别人，在 Quora[①] 上回答问题，或者在红迪（Reddit）网站的内

---

① 　Quora 是美国在线问答网站，可理解为美国版"知乎"，隶属于美国公司 Quora Inc.，公司总部位于著名的美国加利福尼亚州"硅谷"山景城。——译者注

容社区里发表评论。

与其他自由职业者建立联系

与相关行业的其他独立工作者建立关系，这是获得客户推荐的最佳方式之一。要充分利用这种方法。

找到聚会小组、在线社区、社交网络小组，建立有意义的联系。活动和聚会是很棒的地方，可以提供与其他实时应需工作者建立长期关系的绝佳机会。其他自由职业者不是你的竞争对手；长期来看，把他们当作工作伙伴，而非对手，会对职业生涯有好处。可以找到并使用独立工作者会面的共享办公地点。让自己对他人有用，不要只想着从对方身上捞到好处。把自己变得有价值，赢得信任，他们很可能会向过去或现在的客户推荐你的服务。

与另一位独立合同工组队合作

如果初期寻找客户对你来说很有挑战性，可以尝试以分包人的身份与一个成熟的自由职业者或代理人建立伙伴关系。这有助于提供更好的服务，以吸引更大的项目。他们在得到一个大的新项目，或者有工作忙不过来的时候，就会请你帮忙。这样将获得给你带来稳定收入的重复工作、推荐和持续合同。你也可以与另一个提供补充服务的顾问组队合作，为你的客户开发出独特的服务。例如，写手和 SEO 顾问可以组队为企业提供一条龙服务。这样，两个人都得到了工作，利用两个人的关系网，客户得到了令人惊喜的成品，这是双赢的。总的来说，组队合作有可能为客户提供更大的保证和解决更大的项目。

循着这条路找工作，确定想专注的领域，相信你一定会找到理想的工作机会，找到可以合作的自由职业者。利用我们在第10章所讨论的实时应需平台，在你的行业或其他市场中寻找技能互补的熟练员工，搭建起自由职业者关系网，便有机会让工作规模超过目前的能力。然而，每一次组队合作都存在潜在的风险。对期望要现实，不要在没有明确说清责任和确定利益分配的情况下建立合作关系。

联系并关注影响者

行业里的影响者拥有权威，他们受到尊重和信任。人们和企业都认真对待其建议和业务。去推特、领英、脸书或照片墙上寻找相关内容。一旦在你所在领域中找到了，提到并转发，与你的关注者分享他们的工作，给他们点赞，并把他们标记为"喜欢"。当发布博客时，甚至可以请他们中的一些人为你的博客撰写文章。请一两个人来提供指导，让他们知道你的最新工作进展（但不要打扰他们），他们可以成为你工作的支持者。这可能就是你的本垒打[1]！与影响者建立关系需要时间，要有耐

---

[1] 在棒球运动中，homerun 意为"本垒打"，即击球手将球击出后安全回到本垒，还可引申为"干得漂亮""大获全胜"等意思。——译者注

心。你可能在很长一段时间内得不到回应，但不要中断联系，不要停止求助。

充分利用个人激情项目

与客户一起工作，尤其是在每个月都有项目可做且不会错失固定收入的时候，固然美妙。但是，单独为自己的项目而工作的成功经历会改变你对独立工作的看法，并带来赚取额外经常性收入、丰富自己作品集的宝贵机会。而且，最重要的是，会对每天所做的事情保持兴趣和动力。可以通过解决自己的问题来开始一个新的项目。是什么让你感到沮丧？想想你日常用品有没有可改变或可改进之处。

Postanly 是我推出的每周通讯，每周发给超过 45 000 人，最初是一个帮大家找到优秀阅读文章的个人项目。这是一份免费的电子邮件摘要，收录了网上关于改变行为的最佳帖子。我一直在使用 Pocket（一款管理互联网文章阅读列表的应用程序）来保存文章以供以后阅读，但又想找到一种方式与其他关注我的人分享我的阅读列表，所以我创建了 Postanly Today。Postanly Weekly 是一份营利性通讯，通过赞助产生收入。

你如果会写东西，不妨写一本书；如果懂设计，可以在网上发布和销售令人惊叹的设计，Shopify 和 Etsy 等工具有助于将设计卖出去；如果善于与人交流，就开设一个播客（一种音频节目，通常由一系列剧情组成），讨论所关心的话题，并采访行业中的影响者。也可以做一名教练，帮助人们解决所在领域的问题，或者将专业知识转化为辅导业务，向个人或企业销售辅导套餐。记住，无论选择做什么，都有助于建立声誉，从长远来看，会让你获得更多的客户。找额外的时间来开展个人项目可能很难，在很忙的时候，更是如此。但如果安排好日程，并决定为让自己激情勃发的想法付出努力，就会有足够的动力为之抽出时间。不要去做并不特别在意的项目。对大多数人来说，发挥个人主动性不易，但想想自己的创作可能会带来的长期影响。即便失败了，也能学到新的东西，提升自己，比那些没有努力去追求梦想的人强多了。

关键知识点

- 作为一名独立工作者，要想开创职场辉煌，关键在于定位。同时也要向潜在客户传达正确的信息。

- 为了提高成功的可能性，要着重阐述打算如何为客户解决问题。所传递的信息是否足够清楚？有目标客户访问网站时，他们应该能了解你的专长。

- 采用非常规的方法来吸引客户。免费为潜在客户面临的问题提供解决方案，然后可以请求他们推荐你、提供客户评价或未来提供些业务。或者，更好的做法是免费回答小众群体的问题，以此赢得业务。

- 利用相关的在线平台，以可能的最佳方式展示你的工作。

- 充分利用线下小众活动。面对面接触的成功率，远远高于坐等别人来发现。

- 发挥个人主动性好处多多。创建自己的项目，让自己处于与大品牌合作的最佳位置。在这个过程中，可以给生活带来更多的意义和快乐，将有难得的机会获得额外的经常性收入，并为自己的作品集创造一些很棒的东西。

- 与客户一起工作，尤其是在每个月都有项目可做且不会错失固定收入的时候，固然美妙。但是，单独为自己的项目而工作的成功经历会改变你对独立工作的看法，带来成就感。

第 5 章

自由职业者也要学会说"不"

作为零工工作者,有很大一部分业务是寻找付费客户。拒绝工作，或许算不上理想的做法，但在很多情况下合情合理。从事错误的项目，或者接受对职业生涯无益的工作，都是弊大于利的。本章将探讨为什么有必要拒绝一些客户，并讨论如何选择与自身技能、价值观和长期目标相匹配的项目。还将学习如何设置优先事项筛选标准，以帮助选择更好的项目，并与潜在客户和回头客建立关系。本章最后是可以用来拒绝工作邀请的电子邮件脚本。

积极说"不"的力量

作为自由职业者，尤其是在自行管理时间时，习惯说"不"是值得的。不管对方问什么，提问者是谁，说"不"都是可以接受的。过度承诺会破坏专注能力。如果不加选择地有求必应，就没有时间去做任何事情，也没有时间去交付结果。如果收到诸多请求却不懂得拒绝，就不可能为工作、家庭、朋友甚至自己留出时间。需要给自己腾出时间，专注于生活中对自己来说最重要的事情，不要有任何愧疚感或义务感。

许多自由职业者几乎对每一份零工工作都说"是"，即使这些工作与他们的优势并不相符。他们说起"是"来心安理得，伤害的却是自己。在对他们的职业生涯来说必须且应该说"不"的时候，他们往往没有勇气说出口。大多数零工工作者会接受任何所遇到的项目，因为担心如果拒绝，就会把运气耗尽，再也找不到更多的工作机会了。刚开始创业的人因为害怕失去机会，几乎什么都答应。但是，要开创真正喜欢的有钱赚的自由职业生涯，说"不"是必要的。许多自由职业者拒绝一份工作或项目的原因有很多，包括：报酬低、期限短、工作要求存在道德或道义上的问题、时间紧任务重、不喜欢为某个客户工作或者那工作对自由职业者生涯毫无帮助。这听起来像你遇到过的情况吗？

困难的部分是将回复传达给潜在客户。学会说"不"，对打造真正喜欢、有利可图、有成就感的自由职业生涯是必要的。"不"是一个你应该习惯的选项。它让你放松，有助于集中注意力。在 2001 年出版的，帕蒂·布莱特曼（Patti Breitman）和康妮·哈奇（Connie Hatch）合著的《轻松说"不"》（*How to Say No Without Feeling Guilty*）一书中有这样的观察：

出于内疚或害怕冲突，我们承担了更多的项目，在别人的优先事项上投入。在这个过程中，我们把自己最宝贵的个人资源——时间、精力和金钱，浪费在那些对我们来说并不重要的事情上。不是发自内心地同意这样的情况每多出现一次，就多浪费了一点这些宝贵的资源。

必须记住，说"不"并非自私，也谈不上粗鲁或轻蔑。说"不"能让你在工作中发现最好的自己，不断成长。它有助于潜在客户找到愿意为他们的任务或项目投入应有的时间和精力的人。拒绝工作是很难的，但是，在拒绝的同时也就意味着接受其他需要你全力以赴的事情。当积累了经验，建起了自己的作品集，且在工作方面变得游刃有余时，就得学会如何分配时间，如何把重点放在那些合适的项目上。

如何与客户保持距离是关键所在。《炼金术士》（*The Alchemist*）的作者保罗·科埃略（Paulo Coelho）说："当你对别人说'是'的时候，确保你不是在对自己说'不'。"（Coelho, 2006）拒绝一份工作实际上有其积极的一面。如果不想让客户失望，"不"就很难说出口。如果不说"不"，那就意味着同意去做自己觉得应该做的工作，而不是同意去做自己真正想做的项目。不要让独立自由职业者的职业生涯陷于危险境地。

如果不加区分地接受每一个项目，就会失去控制感。除了钱，应该通过做些工作来树立声誉，打造持久长远的职业生涯。

你要找那种能激发灵感的工作做，为未来建立一个了不起的作品集。

说"不"是为了更好地说"是"

即使真的不想工作，自雇工作也会占用越来越多的时间。要赶在截止日期前完成许多项目和任务，可能会让你感到压力山大，受欢迎的实时应需工作者更是如此。作为一名零工工作者，可能每周都要应付许多截止日期。

拒绝那些最可能会浪费时间的项目。如果选择自雇工作，就要对自己的整体利益负责，把自己的需求放在首位是职责所在。要想让自由职业生涯可持续，保护长期利益，学会如何对客户说"不"并做出艰难的决定很重要。设定界限大有必要。对所承担的项目制定严格的政策意味着可以更开放地接受其他更好的机会，赚更多的钱。作品集中有更好的项目，除了成就自己的职业生涯，还能为客户创造更多的价值。

如果实在太忙，是否应该拒绝工作？对优质客户，尽量不要这样做。如果一连几周或数月都完全预约出去了，那就为他们找一位替代者。对那些不太可能再度合作的一次性客户，如果提供的工作不适合，就拒绝吧。如果稳定的优质客户需要处理一个高端任务或紧急任务，要尽力将其安排进日程当中。在某些情况下，可能没有必要直截了当地回答"不"。要是客户不赶时间，你可以把自己理想的完工时间告知对方。例如，可以回复："目前我不能做这个项目，但在（插入日期和时间）我会有空。"永远记住，推迟或拒绝项目总比耽搁项目要好得多。

优先级筛选的重要性

对零工工作者来说，确定优先事项真的很困难。自由职业者想取得成功，需要对自己非常严格，且要对任务和项目精挑细选。你是自己的时间、工作、金钱和长远未来的唯一管理者。

每个自由职业者都需要搭建起一个工作结构或框架。这是选择项目进行工作的最佳路径，不会浪费时间。总得知道需要什么才能完成所接受的零工工作。时间和金钱都需要有所规划。独立工作者的时间是最宝贵的有限资源，要像投资有价值的资产那样去投入时间。准确地了解自己什么时间需要做什么很重要。制定一套优先筛选标准有助于在应该接受的短期任务、零工工作和长期项目方面做出决策。

以下问题可以帮助你决定对工作说"是"还是说"不"：

● 每个月这时候，有时间承担这些任务吗？

● 工作报酬是多少，是否值得花时间去做？

- 该项目或任务算得上是潜在、经常性的优质业务吗?
- 这个项目对职业生涯是否有帮助?
- 把该客户的大名放入作品集中,是否会给人留下深刻印象?
- 该工作是否让你感到兴奋?
- 是否会促进实现长远的职业目标?

如果总是接受不符合上述条件的工作合同,就很可能在不合适的项目上浪费时间。如果不能肯定回答这些问题,就不要接受,除非真的生活窘迫。每当接受了一份勉强可接受的工作,就可能会错过一个能让职业生涯大有改观的项目。让自己有能力说"不",这样就有时间集中精力。想想自己长远要做的是哪一类工作。一些人选择与某个特定行业里的小企业合作。但不管与谁合作,考虑一下想在自己的作品集中展示什么类型的项目,以及未来一年、五年或十年后你成为独立合同工想要发展到什么程度。如果制定出优先标准和指导方针,就不会为了赚钱而对工作来者不拒。

《高效能人士的七个习惯》(*The 7 Habits of Highly Effective People*)一书的作者史蒂芬·柯维(Stephen Covey)认为:"你必须决定优先事项是什么,并有勇气心情畅快、面带微笑且毫不内疚地对其他事情说'不'。要做到这一点,你内心里得有一团更大的说'是'的火焰在燃烧。"(Covey,2004)学会确定自己的目标并对其进行优先排序,做那些有意义的、能有最佳发挥的项目。明确自己的价值观和工作伦理。当弄清自己在生活和事业中想要什么、该做什么以及何时去做等问题后，说"不"就变得容易多了。不要陷入自己断然不想做的项目。

守住你的界限

记住，你是自己最好的、在许多方面也是唯一的支持者。你知道自己的技能、长处、激情和弱点，知道自己对自由职业的期望。现在，只需要知道什么事情值得你花时间。如果不值得，就毫不犹豫地说"不"。这样做时，要有职业素养，不失尊重和优雅。向客户或潜在客户传达对请求的回应，让他们知道这个项目不适合你，或者你不适合这个项目。

知道何时、如何以及为何需要说"不"

我们已经探讨了说"不"的重要性，但是，懂得如何以及为何对潜在客户说"不"同样重要。用以拒绝任务的很多回复大同小异，所以，编写和保存可以发给客户的个性化邮件脚本，可以节省时间。如果觉得项目不适合，立即表示拒绝，不要拖延。让客户久等，最后却告诉对方不能完成任务，最终可能会伤及个人声誉。回复要直截了当，给出现在不能参与其项目的实际原因。有时候，客户会化解问题，这意味着你又可以接受工作了。客户会欣赏你的坦率直言，并因你愿意开诚布公而相信你会是很好的合作伙伴。就算不接受这个项目，也树立了自己的品牌和声誉。这可能会让你获得推荐，也会让你对自己的选择感觉良好。让客户觉得即使你不能接受当前的项目，也依然重视与他们的业务关系，向他们保证你将来有兴趣和他们合作。

如果客户可以等，就把以后自己有空的日期告诉他们，或者推荐其他有能力的实时应需工作者（要记得通知所推荐的人，转告有关客户和项目的细节）。也可以鼓励潜在客户在特定的日期再次与你联系，让他们有时间去寻找另一个实时应需工作者，这确保了你在未来仍然有可能接受其他工作。不要把好客户彻底拒之门外。

如何在不伤害客户关系的情况下说"不"

与客户建立关系可以增加回头客业务，增加获得推荐的机会。为自己工作时，争夺客户的竞争是非常激烈的。说"不"是一种赋权，但很难做到。因此，必须尽可能以最好的方式拒绝零工工作。

邮件脚本是拒绝客户的最好方式，既不会浪费太多时间去考虑如何回复，又能让潜在客户未来更容易再度联系你。下面是一些可以很好地表达拒绝的脚本。

示例一

山姆您好！

　　谢谢您的联系。这个项目听起来很棒。

　　很遗憾，我现在的日程很紧［或者：我目前并不适合接受新客户］。

　　不过，如果您在未来需要类似项目或任务的帮助，我很乐意提供。

[你的名字]

示例二

嗨，丽贝卡！

　　谢谢您的邮件。

　　我很感激能有机会参与您的项目。

　　很遗憾，每年的这个时候我都不接受新项目。如果情况有变，我会立即通知您。

　　不过，我想推荐以下公司／人员／资源，他们应该能够帮助您。

　　不要犹豫，去联系他们吧。谢谢您！

[你的名字]

示例三

索菲亚，您好！

　　感谢您能想到找我做这个项目，并花时间与我联系。

　　遗憾的是，我接下来的六个月日程都排满了。但我可以帮您联系几个合同工，他们也能同样出色地完成工作。请在_____查看他们的作品集。

　　希望能有所帮助。祝好！

[你的名字]

示例四

乔，您好！

　　谢谢您联系我，但我现在忙于 [某工作]。不过，我很乐意将您的详细信息转发给一两位其他有潜力的实时应需工作者。

　　如果您在以后的工作中需要帮助，请随时发邮件或打电话。

　　祝好！

[你的名字]

示例五

嗨，克洛伊！

谢谢您的邮件。

您的项目极具挑战性，实在超出了我的技能范围。

由［链接到您推荐的、可以承担该项目的联系人］来完成这个项目会比较理想。

如果您不介意的话，我可以把项目描述转发给他们。或者您可以从这里直接联系。

再次感谢。

［你的名字］

这些脚本是基本结构，可以针对不同的客户来修改。

以下是拒绝一个项目的过程总结：

- 在回复的开头表示感谢。

- 表达"是"。用一两段文字解释拒绝这份工作的原因，以及现在时机不合适的理由。

- 建议"是"。另行提供一份对方可以接受的日程表，推荐其他能同样出色地完成工作的零工工作者或朋友，甚至可以指导对方找到对其项目有帮助的资源。如果可以，特别是你未来想要和对方一起工作的话，就要努力创造一个双赢的局面。

关键知识点

- 尽管不可能总是避免说"不"，但你能做的是积极说"不"。要打造有利可图、有成就感、能真正乐在其中的自由职业生涯，学会说"不"是非常必要的。

- 如果项目超出了你的核心能力，或者不能让你发挥出最好的一面，你完全有权利拒绝，但要不失优雅地拒绝。

- 说"不"意味着对其他需要你全神贯注的事情说"是"。

- 对自由职业者来说，进行优先级筛选真的很困难。要想取得成功，需要对自己非常严格，并且要对任务和项目精挑细选。你才是自己时间、工作、金钱和长远未来的唯一管理者。

- 说"不"，便是设定了一种界限，一种有助于评估项目是否适合自己的业务发展并实现人生价值的界限。

- 学会确定目标并对其进行优先排序，做那些有意义的、能让你有最佳发挥的项目。

- 用以拒绝任务的很多回复大同小异，所以，编写和保存可以发给客户的个性化邮件脚本，可以节省时间。

第 6 章

高效完成
实际工作

为自己工作意味着要从事多份工作，要在不同时间向几位客户交付成果。如果你这样工作，就需要安排好工作的优先次序、自觉遵守工作准则、制订出工作方法和流程。这会让时间管理变得有些棘手，因为每天，甚至每小时都可能与之前不同。本章主要探讨保持工作高效的关键原则，包括如何创建工作日程表、建立高效的工作程序、处理"纷扰"以及找到自己的工作流程。

自我管理

保持专注是独立工作者面临的最大挑战。如果没人检查你是否达到目标或者超出预期，你就得自行负责，那就很难达到目标或者在客户的截止日期前完成工作。本书已经探讨过为自己工作可能令人感到充实，但是那种自由的存在也带来诸多隐患。例如，你很容易发现自己在非办公环境下变得散漫，并且由于时间灵活、自由度高且看似拥有零工工作者享有的无穷无尽的"闲暇"时间而无法集中注意力。

如果无法遵守工作准则，自我管理就难以实现。如果你总是被不需要的信息分散注意力且应接不暇，那么就很难抽出时间来高效工作。作为独立工作者，你的职业生涯取决于你按时完成某项任务并兑现承诺的能力。因此，你的工作效率越高，能做的工作就越多，那么最终赚到的收入也就越多。

时间就是金钱

如果选择为自己工作，时间就是最宝贵的资源。对时间管理严格把控是至关重要的，否则就会忽视重要的事而选择"紧急"的事。有时候，你会意识到自己（再次）忘记发送发票，某个令人兴奋的提案快要逾期，并且你手头的项目进度也落后了。如果同时处理多个项目，那么优先级筛选的重要性再怎么强调都不为过。事实证明，时间可以对你有利，也可以对你不利。规划并最大限度地利用你的时间可以带来更好的收益，还可以为你的生活创造额外时间去做其他私事。

制订工作日程表

生活中的高效能人士都有指导其行动和选择的体系、惯例和日程表。要想获得成功，按时间表工作的能力可谓至关重要。

高效能自由职业者依赖于工作惯例。一套可行的惯例，可以使人避免出现精疲力竭、熬夜抱佛脚以及错过截止期限等现象。

自由职业者杰西卡·格林沃尔特（Jessica Greenwalt）是一位平面设计师。被 DMZ Interactive 评为 2012 年度最佳自由设计师，她提倡高效工作，她表示："我用过对我生活产生非常大影响的保持高效的手段就是列清单。我一直使用谷歌日历（Google Calendar）列日常清单，每个工作日在谷歌日历上填满 8 小时的任务，每项任务至少 30 分钟。"（Kraus，2015）个人结构（personal structure）让你有序且高效地工作而不错过最后期限。《成功人士掌握的 15 个时间管理诀窍》（*15 Secrets Successful People Know About Time Management*）的作者凯文·克鲁斯（Kevin Kruse）认为任务可分为三种类型：创意型、协作型和联系型。（Kruse，2015）。

分类便于快捷查找和处理任务，不会浪费时间。因此，要避免把团体类或协作类工作跟个人项目混在同一个待做任务清单中。

设定切合实际的时间表

每次接受的每个项目都不一样，因此项目要求和完工时间也会存在差异。你过去所做的项目可以被你当作预测未来工作的指南。如果你正在做多个项目，就要计划好时间，确保不会放弃任何项目，也不会错过截止时间。通过将大项目拆分为不同阶段或时间点，能提升工作的速度。

建立高效的常规流程

单凭努力无法保持高效，如果能对时间和努力都进行管理，就能轻松提升工作的智慧和速度，还可以在工作过程中培养专注和集中注意力之类的技能。效率水平与工作方式密切相关。花点时间去优化工作实践，制定常规流程和规划未来工作，有助于实现短期目标和长期目标。播客"慢慢来"（Hurry Slowly）的主持人约瑟琳·葛雷（Jocelyn Glei）曾经说过："在没有计划的情况下开始一天的工作将会让你面临'响应式工作'的危险，让他人的需求决定你一天的工作内容。"（Vozza，2016）带着行动计划开始一天的工作，并知道想要如何结束这一天，这样便无须响应当日计划外的请求。

规定好"办公时间"

要定好一天之内开始和结束工作的时间，不能随随便便就开始，也不能在非正常时间停止，那样会让人筋疲力尽。计划每天的工作时间，并严格遵守工作纪律。当开始从事一项新的项目或任务时，请牢记帕金森定律，该定律指出："工作会自动膨胀，直至占满所有可用的时间。"为避免成为帕金森定律的受害者，在客户要求的实际截止日期之前为自己设定最后期限，并提前完成工作。这会给你充足的时间进行必要的修改或者做一些其他工作以赚取更多收入。

带着目标开启一天

以正确的方式开启一天，并在恰当的时机把时间和精力用在正确的任务上。Zapier 平台的作家史蒂芬·阿尔特罗格（Stephen Altrogge）解释说："做好早晨和傍晚的常规工作是取得成功的前提，它们能让工作更高效、思路更清晰，避免你从早到晚东一榔头西一棒子，并确保你完成最重要的工作。"（Altrogge，2017）

为日常任务创建清单

如果在头一天就计划好当天要做的事，就能充分利用好时间并实现目标、完成节点任务。你将把一天的时间花在行动和完成任务上，而不是在错误的时间响应他人的期望。在头天晚上做出计划，为你要完成的任务列一个清单并了解多长时间可以完成。如果你将任务可视化并且清楚地了解每一天要做什么，就会更高效地完成工作。

创建任务清单可以防止你忘记需要为客户做的重要短期工作，这可以让你轻松地从事项目而不必考虑接下来做什么，因为任务清单可以直观地表现出你需要完成什么。《清单革命》（*The Checklist Manifesto*）一书的作者阿图·葛文德（Atul Gawande）认为，好的任务清单应该是精确的。他写道：

任务清单简明高效、切中要害，即使在最困难的情况下也易于使用。它们并不试图详细说明一切——任务清单没法教你如何开飞机。相反，它只是提醒你注意任务最关键且重要的步骤——即使是技术娴熟的专业人士也可能会漏掉那些步骤。好的任务清单，最重要的就是切实可行。

创建任务清单可以解放你的头脑，让你专注于高层次思考和重要任务。

创建周及日任务清单，用周任务清单记录一周内需要完成的所有事情。与头天晚上创建每日清单一样，周任务清单应在每周开始之前创建，最好是周日晚上或者是在你结束任意一周之前。用日常任务清单记录当天亟须完成的任务。坚持创建这两种任务清单，有助于将高级别项目及与所有正在进行项目相关的任务可视化。

运用番茄工作法

你很可能听说过番茄工作法（Pomodoro Technique）。这是一种让人以冲刺的心态工作，避免注意力分散而仅专注于一项任务的有效方法。20 世纪 80 年代末，弗朗西斯科·西里洛（Francesco Cirillo）创立了这种时间管理法。番茄工作法是使用计时器，把任务分解为不超过 30 分钟的冲刺阶段，中间休息 5 分钟左右。不受干扰地专注工作一段时间后，休息 5 分钟或 10 分钟，重复该过程 4 次或更多次后，再休息更长时间。安卓和 iOS 设备都带有番茄时间管理应用程序，用手机自带的计时器也可以。

一旦决定使用番茄工作法，就要关闭通知，隔绝"外界纷扰"，因为如果有可能受到邮件、通知等干扰而分散注意力，这种工作法就会难以实施。

将每个项目分解为可管理的小任务

如果用结构化的方法处理大项目，就很容易分散注意力。把大任务分为诸多小任务后，完成起来会更快。

派拉格公司（Pelago）的网站设计师、开发工程师兼联合创始人约翰·里夫（John Reeve）解释说："将每个项目分解为与客户可交付成果相关的任务，这样，每个任务都可以在其可交付成果完成时结束。"（Reeve，2014）对所有艰巨的任务，要把里程碑分为简单易做的任务。对任一大型项目，花些时间想想需要多长时间完成以及为完成该项目要做的可行任务。这可以让你更快入手并按照计划完成。你可以使用番茄工作法实施该工作策略。

精力管理

早上的精力更充沛，工作效率也更高。起床后的 2~3 个小时是完成大量工作的高峰期。南加州大学分子与计算生物学教授史蒂夫·凯（Steve Kay）对《华尔街日报》说："在我们醒来之前，体温就开始上升并一直持续到中午。"体温逐渐上升意味着我们的工作记忆力、警觉性和注意力也都在不断提升，大约在上午十点达到峰值。（Dovey，2016）

因此，夜晚最不适合完成最重要且具有创造性的工作。你每天的精力、意志力及专注力都会随着时间推移而消耗殆尽，所以要在午饭前集中注意力完成最重要的工作。如果你倾向于把工作推到傍晚，就会陷入拖延的恶性循环。

为个人发展留出时间

作为零工工作者，个人的成长与为客户做的项目一样重要。在日程中留出时间进行人际交往、阅读促进个人成长的书籍、聆听改善生活质量的课程和播客，并花些时间思考做什么是有效的，以及做什么是无效的。每周五阅读或聆听促进个人提升的内容，这是很好的结束这一周的方式。自我投资应放在首位，因为它有助于提高工作效率，并改进实现个人目标和业务目标的方法。

特意安排休息时间

作为零工工作者，一不小心就会失去对时间的掌控。不要不把休息当回事，休息对个人的总体幸福感十分重要，要经常把"休息"放在日程上。对与工作无关的活动产生兴趣有助于你从忙碌的工作中恢复过来。让人兴趣盎然的消遣和爱好可以避免精疲力竭，并增强应对生活中各种挑战的能力。所以，要寻找一些工作以外的事情去做。不难预测，参加业余活动可以让你更轻松地处理日常工作中的琐事，减轻一些自我造成的压力，并为即将到来的工作释放创造力。

> 如果我不能走得又远又快，我想我就会爆炸然后死去。
>
> ——查尔斯·狄更斯

制订计划，让休息时间也带有一定的目的性。可以利用休息时间查看邮件、散步、浏览社交媒体更新或冥想。也可以利用休息时间思考目标、任务和项目。小说家兼社评家查尔斯·狄更斯（Charles Dickens）经常是在上午9点到下午2点之间写作，然后会出门散散步。

罗伯特·麦克鲁姆（Robert McCrum）在《卫报》（*The Guardian*）上提及狄更斯的工作习惯，他写道："你会发现，狄更斯在其全盛时期，常常把自己的文学创作精力压缩至5个小时……然后他会不停地散步，让思想保持中立。他可能会在夜晚回顾他上午写的东西，但是这5个小时是他创作的关键时间。"（McCrum，2011）

时不时花点时间让自己的内心得到休憩，用来恢复精力，进行充电和反思，思考、掌控并衡量自己所取得的进步。你需要休息来换换脑子。防止精疲力竭的唯一方法就是特意安排一次休息。精神上的休息可以让大脑暂时远离工作。再次开始工作时，清醒的头脑有助于更好地集中注意力并更投入地参与其中。

处理"纷扰"

外界纷扰可能是高效工作最大的敌人。你每天收到的所有邮件和通知，会偷走你专注于高效工作所需的宝贵时间。这些时间在宏大的计划中可能并不起眼，但综合起来，可以有效用于实现你的目标。自由职业者没有那么多时间去做任何事，那是不切实际的。合理安排好优先次序，并让你的亲人、朋友和客户都清楚你的安排，以便改善你的工作方式。如果你为自己工作，人们可能会认为你并非朝九晚五地上班，以为你任何时候都方便。

"纷扰"有很多，可能是一封紧急但不重要的邮件，也可能是多个电话消息通知，他们都会扼杀工作效率。任何干扰注意力的事物都属于"纷扰"。很多线上和线下的纷扰可能会"偷走"你的注意力和专心工作的能力。如果工作时间灵活，就很难管理时间和抵制纷扰。严格的工作规则、完成工作的动力和自制力有助于你在极少或没有外界干扰的情况下完成所有任务。如果不制定一套指导工作的规则，你便可能更随意地调整你的日程安排，而这会让你在完成日常任务期间受到干扰。

如果不拒绝任何纷扰，通往成功的自由职业之路将是漫长的。对工作以外需要你注意的事，要进行批量处理。如果不能自动化处理任务并专注于工作，你可以每天定时查看邮件、回复信息、分享社交动态或浏览社交订阅。

> 如果你停下来向每只对你吠叫的狗扔石头，你将永远不会到达目的地。
>
> ——温斯顿·丘吉尔

麦肯锡全球研究院发布报告称，人们平均每周处理邮件要花费 13 个小时，占工作时间的 28%（McKinsey Global Institute，2012）。与其逐一回复，不如关闭通知，每天在上午 11 点和下午 4 点这两个固定时间点查看。这样，不必对每条信息都做出回复。考虑关闭手机应用通知——不要每次一出现新消息就查看。如果对手机的任何"响动"都做出回应，就永远无法按时完成实际工作。

追踪时间是如何花费的

你目前是如何管理时间的？不量化，就没法改进。"纷扰"有多种形式，有时，不只是刷脸书或油管视频占用时间，工作本身也会构成纷扰。每周测算自己的进步，以确定是否真正完成了工作。时间跟踪应用程序（比如，RescueTime、Toggl、Hours、Timely 和 TopTracker 等）可以自动追踪你如何花费时间。

可以通过计量如何花费时间来找出每天所面对的各种纷扰。一次要做的项目越多，就越有必要维持详细且具体的周日程表，从而知道自己是如何花费时间的。了解自己效率何以变得低下会有助于你制定相应的应对策略。重新掌控时间，能让你更高效地完成更多工作。

找到自己的工作流程

归根结底，独立工作管理是非常个性化的。没有两份完全相同的自由职业日程表。你可以运用很多提高工作效率的方法、程序、系统和技巧。效率系统能让你管理并执行任务，在极少甚至不受纷扰的情况下完成实际工作。几个比较受欢迎的效率系统包括：戴维·艾伦（David Allen）创建的"尽管去做"（Getting Things Done）、个人看板工作法（Personal Kanban Approach to Work）和艾森豪威尔矩阵（the Eisenhower Matrix）。尝试几个并确定最适合自己的系统。尝试不同的工作管理、工作时长及日程表，能为你带来最大成效的，就重复下去。对独立工作者而言，没有一定要遵循的效率原则，但存在一些已经证明有效的标准和系统。使用那些能激发出自己最佳潜能的标准或系统，并坚持用下去。

关键知识点

- 时间管理是自由职业者取得成功的重要因素之一。

- 如果能管理自己的时间和精力，就能更高效地完成工作，并在此过程中培养专注能力。

- 在客户实际截止日期之前设定个人截止日期，并争取提前完成工作，这样可以为自己留出足够的时间来进行必要的修改。

- 使用番茄工作法，在任务之间稍事休息。将大项目分解为切实可行的小任务，以便更快地完成工作。

- 如果无法应对"纷扰"，通往成功的自由职业之路将是漫长的。

- 没有两份完全相同的自由职业日程表。尝试、衡量并坚持最适合自己的效率系统。

第 7 章

管理个人财务

现金流在零工经济中可谓举足轻重。保持财务账目清楚，自由职业生涯才能行稳致远。零工工作者要负责管理发票、缴纳税款，并在实现工作时长最大化的同时尽量压缩支出。如果为自己工作，保持财务谨慎与按时交付工作同等重要。本章将着重探讨管理个人财务和按时获得报酬的方法，并讨论个人如何进行预算、储蓄、税收管理以及投资，最后探讨的是如何规划自己的财务未来。

储蓄

作为自由职业者，个人财务问题可能令人望而生畏，但它也是生活中至关重要的环节。尽管大家都知道应该储蓄，但很少有人去这样做。储蓄对零工工作者来说甚至更为重要。要把储蓄放在首位，除了预留出应急资金，还应该定期往适合自己的账户里存钱。为不久的将来而储蓄，这只是健康的储蓄计划的一部分，但是，通过掌控自己的资金、实施良好的财务计划，你会收获作为自由职业者的稳定和自由。

双倍储蓄以备不时之需

应急资金对自由职业者的重要性再怎么强调都不为过。自由职业者每个月的收入都不尽相同，长期零工和短期零工的收入也有所不同。尽你所能去管理和储蓄资金是成功的关键。

不要低估应急资金的应有规模，因为作为"单人公司"（见第3章），有很多事情取决于是否能始终保持曝光并有项目可做。固定收入是没有保障的。如果决定抽时间去度假，或者因紧急医疗情况而无法工作，就得严重依靠储蓄了。对自由职业者有一条基本的理财建议：保证储存足够支付至少6个月的账单和费用的资金。如果可以，更好的理财手段是存储满足至少一年所需的资金。充足的储蓄有很多好处，你可以因此而仔细挑选客户，并接手你非常关心的项目，也可以选择只参与有益于职业生涯发展的项目。你能更从容地拒绝那些不适合你的零工工作，面对延迟付款也不会压力重重，还可以利用更多机会建立人脉，提升技能，或花时间陪伴家人，而不用太担心推迟客户的工作。

个人预算

无论是独立合同工还是全职员工，生活中最重要的理财原则之一都是"量入为出"。了解自己的资金来源和去向是做好预算的关键。做预算可能会令人望而却步，对通过多种渠道赚钱的人更是如此，但如果制定出更好的预算规划，是可以做到一切尽在掌握中的。

分开使用业务账户和个人交易账户

随着个人业务的发展，你开始收到来自多个客户的报酬，并雇用分包商来处理编辑或平面设计之类的任务，情况可能会变得复杂起来。如果客户量及业务量都在不断增加，资金管理也会变得更复杂。把业务账户及个人交易账户区分开，能够简化预算过程。业务账户应严格用于接收客户付款及支付业务经费。租金、抵押贷款、水电费和购物费等都该通过个人账户支出。

如果把业务财务和个人财务区分开，尤其是在涉及缴税的时候，生活就轻松多了。

给自己开一份"工资"

为确保把个人财务与业务财务分开，可从业务账户中为自己发工资。取某段时间（过去 6 个月或 12 个月）的平均收入，计算出每月需要给自己开多少钱，然后对其他支出实行自动化处理。由于收入时常会发生波动，因此在必要时重新评估财务状况以及做出调整，这是很重要的。在收入高出平均水平的月份，仍给自己开出相同的薪水，以补偿收入较低的月份。

首先是要计算出月收入。请记住，在确定支付给自己的金额之前，应把税款、医疗保险金和退休金等其他业务支出（所有可从业务账户中扣除的支出项）都考虑进来。

追踪个人收入

了解自己的月收入有助于更好地规划个人预算。以历史眼光看待一段时间的收入很重要，这样可以为一年中的旺季和淡季做好准备。要主动追踪付款人、付款时间及付款金额。如果你记录了过去半年或一年的收入，就可以借此确定你的平均收入。

了解资金去向

如果你尚未开始，那么就从现在开始记录开支去向吧。可以采用你最有可能坚持的任何方法，比如使用电子表格、理财专用笔记本或众多有助于理财的应用程序之一（本章后面将探讨一些可用的好方法）。如果你不了解自己每个月花了多少钱，试着算出一个平均数额。

如果使用理财应用程序，了解你的月均支出并不难。如果不使用理财应用，就把你每个月的经常性必要支出，如房租、通勤费、水电费、食品费、教育支出、债务、储蓄、退休金、税款（与税务专家，最好是专门从事个体经营的人谈谈你的应缴税款）加总，然后用支出记录或银行对账单，算出你的月均支出金额。

以一种有条理方式去观察资金去向，能够让你了解自己的消费模式。一旦知道每个月花了多少钱，就能更好地分配资金，并在未来谨慎消费。

50/20/30预算法则

树立良好的理财习惯是一辈子的事。50/20/30预算法有助于制订更好的未来理财计划，你不必赚很多钱就可以运用该法则。这个有用的方法有助于你以负责任的方式花钱，这个方法很简单：把你的税后月收入划分为需求、储蓄和欲望三个类别。哈佛大学破产专家伊丽莎白·沃伦（Elizabeth Warren）在和女儿阿米莉娅·沃伦·泰亚吉（Amelia Warren Tyagi）合著的《终身理财计划：教你不一样的财富生活》（*All Your Worth: The Ultimate Lifetime Money Plan*）一书中推广了50/20/30预算法则。该法则要求：把收入的50%用于生活必需品消费，如房租和账单，接下来的20%用于长期储蓄和偿还各种个人债务，最后的30%用于满足欲望或个人消费，如餐饮或娱乐。仅划分出这三大类，就能让你专注于制订预算和目标，在你作为独立顾问的自由职业生涯中，朝着更好的财务稳定性这个目标迈进。那么该法则具体该如何应用呢？

50%的收入用于生活必需品

生活必需品指的是你每天都需要用以维持生命的东西。房租、食品费、水电费和通勤费都属于生活必需品消费，无论赚多少钱，都得支出。每个人的生活必需品消费类型都差不多。

无论你赚多少钱，该类别的总支出都不应超过净收入的50%。做到这一点的秘诀是：调整个别项目的费用，节制消费。举个例子，如果你生活在高租金城市，那么住房成本就会高于该类别中的其他项目。但对那些生活在低租金城市的人，租金可能很低，就可以在其他项目上消费更多。消费总额比个别项目费用更重要，50%这个比例是你可以支出的峰值。

20%用于储蓄

下一步是，把每月税后收入再减去每月必需的支出后的20%用于财务优先事项，为其储备较为宽裕的资金，以避免未来负债。优先事项包括储蓄账户、投资、退休计划、应急资金以及偿还债务等。有些人可能会觉得为这个类别安排资金似乎没有道理，特别是在有许多其他开支的情况下，但这种做法在未来几十年后肯定会变得更为迫切。要记住最重要的一点是：如果早早开始储蓄，尤其是利用长期投资机会的话，你会随着时间的推移而获得复利。

30%用于个人消费

用于提升个人生活品质的消费属于个人消费。任何满足个人享受的消费，如每月的娱乐活动、个人旅行、度假、健身房会员以及其他业余活动等的消费都可以算作该类别。任何你想买但未必需要的东西也属于这个类别。你来决定哪些消费属于欲望和需求。但要记住，根据 50/20/30 预算法则，只能拿出收入的 30% 用于个人消费。如果能减少该类别的消费，就会有更多的钱投资未来。

50/20/30 预算法则只是一项建议。每个人的财务状况都不尽相同，可以把它作为一个指导框架。你的收入和消费状况决定着什么方式最适合自己，你只能基于自己的独特情况制订预算。如果 50/20/30 预算法则不适合你目前的财务现状，就制订一个能节制消费、鼓励储蓄并为未来审慎投资的财务计划。

创建理财系统

如何追踪并管理发票和支出？自己创建理财系统，可以让生活更轻松。理财系统可以让零工工作者每天必须要做的财务决策（比如，创建和发送发票、支付账单、投资、削减开支、增加支出购买你喜欢的东西以及专注于你关心的事情）自动化。自动化理财有助于你事半功倍并尽可能地减少错误。

实现财务自动化
尽可能让财务交易实现自动化，这么做是值得的。财务自动化涉及做出安排来处理财务活动和履行财务义务，因此几乎不需要管理。实现财务自动化以后，就有了可用于处理账单、税收、投资和预算等问题的财务结构，从而不再需要每个月都花费时间去审查个人财务。自动化有助于你腾出时间，更专注于自己喜欢的工作。即使选择将财务自动化，定期检查你的月度支付情况依然很重要，以确保你没有算错或多付。

实现账单自动化

如果你还没有在你的电子邮件账户中创建一个账单文件夹，没有将每周和每月的所有待付款项移进该文件夹，那么现在就开始这样做。这样可以让人很容易就了解哪些款项可以自动支付，通过直接扣账来自动支付月度账单。刚开始的时候可以列出每月的经常性支出账单，然后另设一个具有在线访问权限的银行账户，仅用于支付每月固定的经常性支出。许多银行允许用户通过应用程序管理财务，因此可以设置自动付款功能，这样你每月的经常性支出账单就可以通过新建的"账单支付账户"来支付。应该使用这种账户来支付灵活性较小的费用，如抵押贷款、租金、电费、保险费或债务等。

实现储蓄自动化

规划未来并制造生活中的惊喜是很重要的。因此，除了收入账户和账单支付账户以外，还应该开设仅用于储蓄的第三个账户。设置从收入账户直接存款到第三个账户，但要确保未开通开支票、支付账单或借记卡功能。运用本章探讨过的50/20/30预算法则，将税后收入的20%存入储蓄账户，这部分资金应该很难（尽管并非不可能）被取出来。

实现投资自动化

许多自由职业者认为自己没有多余的资金用于投资。然而，在大多数情况下，有一些方法可以帮你省下一些额外费用。你的投资目标高低将决定应该从储蓄中转出多少资金存入投资账户。列一个清单，估算需要从储蓄账户中拿出多少资金用于投资，并月月向你的投资组合中存入一笔特定金额的资金。你可以从股票、债券、基金等投资方式中做出选择（本章将在后面的"投资"一节中探讨一些可供选择的投资方式及投资工具）。

在投资和储蓄方面，通常还可以享受到其他一些减税优惠。例如，在英国，个人储蓄账户（ISA）是一种免税的储蓄或投资方式，允许居民一年（2017—2018纳税年度）最高可免税储蓄20 000英镑。各国都有具体的减税优惠。对你能享受到任何税收优惠的账户和投资机要进行调查研究。

管理税务

税法总是不断变化。很多个体经营者所面临的共同困境：预估自己将欠多少税款。如果你尚未雇用会计师帮你计算，也不了解该预留多少资金，那就先按收入的 30% 准备。每得到一份报酬，就留出一定的比例准备用于缴税。这样，就用不着去估算自己一年到头能挣多少钱。并且，直接把那部分资金当作待付税款会让预算做起来更容易。提前为纳税年度储蓄需要自律，毕竟你还需要应付其他支出。这与缴纳个人所得税同样重要。可以为自己设立一个专门的纳税账户，这可以让税务处理起来更简单。可以把该账户与业务账户关联起来，自动将收入的 30% 转入业务账户。

保留收据

记录各项支出并保留收据对于纳税来说至关重要。为了维持业务，你会花钱购买一些小物件，但很容易把它们全忘掉。出于有效管理税务的目的，创建或使用有助于记录所有支出的系统非常重要，这意味着要保存收据、发票和银行对账单。通过在线应用程序来管理财务和费用的方式越来越受欢迎。许多记账应用程序都可以让用户连接到银行并查看银行对账文件、管理交易、发送发票并上传开销明细。

如果使用单一平台查看、记录及管理支出，支出就会更容易得到维护。那些应用程序可以简化文书工作，也方便报税。很多为自由职业者设计的理财应用程序（比如，FreeAgent），有助于记录你的收入和支出，甚至让你更容易做到按时缴税。对既有纸质收据类支出又有线上交易支出的小企业和自由职业者来说，应用程序 Expensify 功能强大，非常适用。FreshBooks 也是一款出色的发票应用程序，可以发送发票、记录时间、管理收据和各种支出。

规划你的财务未来

在退休方面，自由职业者与其他人无异。如果想长期担任独立合同工，现在就开始规划未来是非常重要的。《如何带着足够的钱退休》（*How to Retire with Enough Money*）一书的作者吉拉尔杜奇（Ghilarducci）表示，自由职业者应该计划在 65 岁的时候退休。他说："即使他们想工作更长时间，也不能保证有人愿意为超过 65 岁的人支付薪水。"（Rafter, 2016）如果考虑退休，就要为未来的 20 年、30 年甚至更长时间的退休生活做出规划。如果你现在才二三十岁，那么退休还很遥远，可能算不上优先事项。但退休生活可是很费钱的，如果不提早开始，就没有足够的时间去攒下足以在未来过上 20 或 30 年美好且充实的退休生活的资金。到了那个时候，你可能会遭遇一些健康问题，或者需要人长期照顾。毫不犹豫地规划你的财务未来非常重要。

小企业联盟（Small Business Majority）的一项调查显示，2/5 的自由职业者没有制订积极的退休计划。（2017）如果为自己工作，就很容易推迟思考退休问题，但是在退休前就争取每月从预算中留出一部分为退休做准备是很重要的。货币利率专栏（Money Rates Columnist）作家丹·拉夫特（Dan Rafter）表示，如果想要带着足够的钱退休，就得在 30、40 和 50 岁之后，分别至少储蓄每年工资的 10%、15% 和 40%。对自由职业合同工来说，为退休生活制订计划并进行储蓄是一大挑战，却是通向更加美好且财务稳定的未来的必由之路。

退休金投资选择

如果为了获得更好的收益而选择把储蓄用于投资，就要计划更多的投资选择，在收入不稳定时尤其应该这样。这有助于你应对未来的紧急状况，并为渡过难关提供必要的安全网。无论你是某有限公司的唯一董事还是独立合同工，定期缴纳个体经营者退休金能够大大减少税收支出。建立应急资金，坚持使用安全的、即时存取的银行账户，就可以在必要时及时将钱取出。但如果你是在为更长期的目标而储蓄，就可以承担更多预期风险以增加收益。如果选择把退休金拿来投资，就要考虑多元化的投资选择：投资普通基金而不是单一的股票；开拓其他投资领域时不要犹豫；将短期投资和长期投资结合起来。

充分利用免税投资账户

在英国，投资选择包含个人养老金和自我投资个人养老金（SIPP）。如果你是个体经营者，还可以加入英国政府为配套"自动加入"机制而成立的国家职业储蓄信托计划（NEST）。该计划是为工作单位设计的，但也接受独立工作者。把资金分散到养老金组合中，这是很好的思路。实时应需工作者也可以选择个人储蓄账户产品（ISAs products），包括现金账户（the Cash ISA）、股票/基金账户（the Stocks and Shares ISA）以及终身储蓄账户（Lifetime ISA）等。使用个人储蓄账户，每年最高可完全免税储蓄 2 万英镑。

在美国，虽说个体经营者无法参加 401（k）计划（一种由雇主发起的养老金储蓄计划），但仍可以通过简化员工养老金个人退休账户（SEP-IRA）来储蓄，这是为自由职业者特别设计的。许多金融机构都提供这项服务，也允许个体经营者进行更大规模的储蓄。财经记者兼《理财人生：20—30 岁时的个人理财》（*Get a Financial Life: Personal Finance in Your Twenties and Thirties*）一书的作者贝茜·科布莱纳尔（Beth Kobliner）认为："个人养老金账户有两种类型，分别是罗斯个人退休账户（投资收益完全免税）和传统抵税式个人退休账户（提供预先免税和接下来几年的税收延迟增长）。"（2018）从事个体经营的美国公民还可以探索其他投资项目，包括员工储蓄激励匹配计划（SIMPLE）个人退休账户和简式员工养老金（SEP）个人退休账户。

养老金计划和产品因国家而异。找出在你的国家最适合自己的退休方案，从今天就开始为退休做出规划，而不要推到明天、下个月或明年。

关键知识点

● 作为独立工作者，个人财务问题可能令人望而生畏，但它们也是生活中至关重要的环节。把储蓄放在首位。除了预留出应急资金，还应该定期往适合自己的账户里存钱。

● 运用 50/20/30 预算法则。该法则要求把收入的 50% 用于生活必需品消费，如房租和账单，再把接下来的 20% 用于长期储蓄和偿还个人债务，最后的 30% 用于满足欲望或个人消费，如餐饮或娱乐。

● 实现财务自动化。实现财务自动化以后，每日、每周及每月必须做的预算决策（比如，支付账单、投资、纳税以及增加你喜欢事情上的支出）都会得到自动化处理，而你可以集中精力去完成实际工作并赚钱。

第 8 章

制造源源不断的
工作机会

寻找客户并向目标客户推销自己，这是许多自由职业者所面临的最大挑战。虽然看似令人生畏，但只要规划合理、方法得当且资源充足，这些任务未必会占用你所有的时间。令人欣慰的是，现在寻找客户比过去容易了。独立工作网站是联系企业与实时应需工作者之间的桥梁，这意味着你能从中得到正常且不间断的工作机会。本章将着眼于如何制造源源不断的工作机会，探讨寻找潜在客户（prospecting）、推介自己的工作以及利用人际关系的方法。本章还会诠释以下问题：回应零工招聘广告的最佳方式、发布求职广告的方式和地点、如何从现在和过去的客户那里找到工作以及如何利用见面会、研讨会和在线社交平台找到工作。

寻找潜在客户

作为独立工作者，如果能学会如何寻找到优质客户，然后让更多客户源源不断地为你提供工作，那么其他所有问题都会迎刃而解。对于初出茅庐的零工工作者来说，寻找潜在客户可能困难重重，尤其是考虑到没有哪一种单一的方法能适用于所有人，情况更是如此。寻找潜在客户的方法因人而异，这正是其困难和价值之所在。不过，你基本上要做的就是尽力寻找那些对你提供的服务有需求的人，然后与他们谈论你的工作。我知道，这方面说起来容易做起来难，把寻找潜在客户纳入日程安排能起到一定作用。要想让人们真正愿意为你的工作支付报酬，这需要些时间和努力，但把工作做好有助于拓展你的独立工作业务。本节将分享的正是需要做哪些工作才能获得零工工作以及需要哪些资源才能让寻找潜在客户变得更容易。

重点寻找高成交概率的潜在客户

寻找潜在客户就是以获得工作为唯一目的去联系合适的人和企业。找到你可能想要与之一起工作的人，进行联系并持续跟进，直到得到回复或者认为不值得再浪费时间为止。在寻找潜在客户时，不是仅仅把服务推销给陌生人，还要向合适的人和企业介绍自己，他们可能就是未来的客户。要确保寻找的效果，得明确目标市场、缩小寻找范围并重点寻找最需要你提供服务的潜在客户。

定制求职信息

求职信息不要千篇一律，要为个别客户量身定制，并将信息发送给合适的人以获得最佳回复。向潜在客户发送个性化信息的方式之一是在致电或发送电子邮件之前查明对方的信息。从网站入手——浏览团队页面和新闻稿,收集尽可能多的资料。查看他们正在做的新项目，并通过浏览"团队"或"关于我们"页面，查明在营销、潜在客户与合作关系等方面的负责人。这种为联系找到理由的方法可以让电子邮件更具有效性和针对性。在你寻找潜在客户时——打电话、发送电子邮件、在社交媒体上建立联系、在会议上推介，重点是要与现在或未来可能想要与你合作的人建立联系。

获得引荐

与你想要共事的客户建立联系的最佳方式之一是通过你们共同认识的人引荐。如果你想联系的潜在客户与你的熟人有联系，不妨使用领英（LinkedIn）。领英的移动端应用程序上有一项引荐的功能。如果你能说出诸如"您的联系人理查德·劳伦斯（Richard Lawrence），推荐我给您致电……"之类的话，你成功的概率就会增至十倍。

如果你需要领英上的某位联系人把你引荐给某人或某企业，那么你可以使用或修改下面的电子邮件脚本。

[姓名]，您好！

希望您今天过得愉快。

我注意到您[参考对方最近的职场动向、工作状态更新或项目的最新进展。]

进展如何？

今天之所以联系您，是因为我想把我的 _____ 服务推介给 _____。根据领英上的信息，我得知您认识为 _____ 工作的[提及联系人]。

您是否介意通过电子邮件与我们联系？您的支持将给我带来很大的不同。

感谢您的帮助。我真的非常感激。

祝好！

[你的名字]

构建拓展客户渠道体系

对零工工作者而言，联系潜在客户是一个持续的过程，而当你真正忙于工作时，联系潜在客户这种事情往往不在你的待做清单中。

重要的是，要构建一个拓展可持续客户渠道的体系，以保证每月都有一定量的工作。最容易获得最佳零工的方式是为自己构建一个可靠的流程，确保及时找到高质量的工作。

寻找潜在客户的五步法体系

寻找潜在客户需要付出时间和精力。如果投入时间寻找新客户，那么最终你将从许多手头有项目正在进行的客户那里获得经常性收入。构建一个有条理的推介体系，是获得客户的关键。

第一步：创建自己的理想客户的大致形象

界定目标客户，并将推介范围缩小到成交概率高的人群和企业。不要向过多的人推介自己，那样会让你花掉大量时间去向负担不起或不需要你提供服务的企业推介自己，也会让你没有时间参加社交活动并找出符合要求的企业。创建一个用于搜集资料的电子表格。搜集每个企业的相关信息，如行业、收入、地理位置、存续年限、资金状况以及联系人／邮箱。用那张电子表格记下潜在客户的信息、联系他们的时间、收到了什么回复以及哪些人是必须跟进的等内容。

第二步：自动搜索

开始在线搜索，创建潜在客户列表并将其输入电子表格。与其每天手动搜索相关网站去寻找潜在客户，不如建立一个通过电子邮件向你发送结果的邮件系统。使用 IFTTT（If This Then That，一个把服务、网站和其他来源相互联系起来并提供免费自动在线服务的网站），就可以做到。

第三步：制订联系潜在客户的时间表

自动搜索一旦完成，就安排时间去联系他们。联系零工工作也会占据一周的大部分时间。即使制订有固定的潜在客户联系日程表，你在忙碌一周后也不愿去执行；但忙碌的时间结束后，你会为之感到后悔，还得为寻找客户而苦苦挣扎。为自己工作最重要的一点就是为"业务活动"留出时间，而其中有很大一部分时间是在寻找潜在客户！

一周中选出一天去寻找新客户，或者，在指定的某天之前发送大量邮件。例如，可以在日程表上写下明确的目标，比如"每周四早上寻找新的潜在客户"或"每周二中午前发送五封求职邮件"。关键是要养成习惯，并遵循固定的日程表。如果你在每周同一时间推介或寻找新的潜在客户，就可以避免潜在客户的打扰，从而有时间在不受纷扰的情况下完成工作。

第四步：寻找并使用模板

你每周都会把自己的服务推介给许多潜在客户。通过创建为潜在客户定制的脚本或模板，你能节省一些时间并加速完成工作。可以把模板保存在印象笔记（一款记笔记的应用程序）里，或者在电子邮箱中设置一个固定回复。

下面是一个脚本示例，你可以根据自己所提供的服务进行使用和修改。

这个模板很简单，不像是垃圾邮件，还能激发客户回复的兴趣。

主题：有关您的 _____ 广告

[姓名]，您好！

我在 [网站] 找到您关于 _____ [回答帖子（如果有）中的具体问题] 的招聘广告。

我曾在过去 _____ 年与 _____（提供网站的链接）等知名品牌合作。您可以在我的作品集 [列出作品集的链接] 查看我过去的作品。

我可以提供一些想法，让您的工作以最好的方式得到解决。

如果您感兴趣，我很乐于发送给您。我们也可以通过手机或 Skype 探讨。

如果您对我的工作有什么问题，请立即告知。

[你的名字]

第五步：不断推介

不要在获得几个客户后就停止推介。如果某段时间的日程表已经排满，就专注于可交付的任务；如非如此，向新客户持续推介是很重要的。如果获得了保留客户（同意提供常规工作或长期工作），就不用每周都推介了。

获得零工工作的不同途径

客户是任何独立咨询业务的命脉。没有客户，你就付不了账单，自然也就没法以零工工作者的身份生存下来。

求职公告板

你可能已经在使用求职公告板。求职公告板是行之有效的，因为企业总会在上面发布项目和任务。利用零工求职板是最容易找到工作的方式之一。不同行业提供了很多种方案，包括合同工作、兼职，甚至还有长期项目。你可以选择使用一些热门平台，包括 Gigster、Crew、We Work Remotely、Krop、Reddit For Hire、AngelList、Upwork、Y Combinator Jobs、Product Hunt、Toptal、Guru、99designs、Freelancer、Peopleperhour 和 Indeed 等。当然还有许多其他选择，但是这 15 个平台就能帮助你找到合适的零工。有些网站要求你注册并创建个人资料，还有些网站可能会要求你参加一些能够展示个人技能的测试来证明自己。无论你拥有什么技能、能提供什么服务，这些零工平台都有助于你找到工作。

请求推荐

每成功交付一份零工，都要毫不犹豫地请求客户为你推荐新客户。客户的推荐可以让你更快获得更多客户。请求与你关系最融洽、相处最愉悦、内心最喜欢的客户为你推荐客户。如果你请求推荐客户，满意的客户会乐于把你的名字推荐给其他企业或同事。许多客户有时很忙，不会特意推荐你的服务。但如果你工作完成得好，要主动请求推荐。

为得到最好的推荐，要详细指出你正在寻找的客户和工作的类型，这样你的客户才能帮你找到与你的技能相匹配的工作。为获得推荐，你可以修改下面的电子邮件脚本。

［姓名］，您好！

很高兴您对我的工作感到满意。

如果您可以把我推荐给您人际关系网中的企业、同事或任何对我工作感兴趣的人，我将不胜感激。

您现在愿意向我推荐可能对我的服务有需求的企业吗？

感谢！

［你的名字］

电子邮件要写得简短。简明扼要地表达你的真实想法，不要开放式结尾。邮件中应表明需要回复，否则对方可能无动于衷。

与机构合作

许多机构都与大品牌合作。有时，如果品牌的预算很低，或者机构对某项目没有兴趣，任务就会落到零工工作者手上。有些机构不具备承担某些任务所需的技能，因此需要与你这样的专家合作。这也是一个与新客户合作的好方法。如果要联系相关机构，就给负责建立联系或伙伴关系且最好是有决定权的人发送邮件。你可以使用下面的邮件脚本去联系你所在领域里的机构。

主题：合作

［姓名］，您好！

我非常欣赏您在 ＿＿＿＿＿＿ 所做的工作。特别喜欢［你在他们网站上喜欢的产品或服务］。

我与很多上市公司／高增长公司合作。合作过的客户有 ＿＿＿＿＿＿。您可以在 ＿＿＿＿＿＿ 找到我合作过的客户完整名单。

我想尽快与您取得联系，看看您是否需要［你的技能］为您分担客户过多的工作。

本周我有空与您谈谈。

祝好！

［你的名字］

联系老客户

在过去的几个月里，你可能与数十位联系人保持着联系，或者接近合作，却因日程安排无法接受项目。这些人可能带来工作机会，是可以持续跟进联系的。在与他们联系的时候，可能没有适合你的项目或任务，但他们可能会在未来有项目时想起你。这是提醒老客户你正在找工作的最佳方式。

推销

推销包含向合适的受众展示你服务的各种线上和线下活动。推销做得好，可以改善吸引客户的方式。

利用客户评价

如果利用线上活动推销服务，客户评价可以起到促进作用。客户评价能证明所推销的服务的价值。客户评价能为推销活动增加可信度，让潜在客户更容易雇用你，并通过满意的客户展示你的工作质量。

每成功交付一份工作成果，就请求客户做出可以发布在网站上的评价。许多满意的客户愿意帮助你在所在领域中成长为专家，并且不介意让他们的名字与你的工作联系在一起。在请求客户评价时，要让老客户轻松承诺为你撰写有助于获得新客户的积极评价。发送的电子邮件要做到简短、体贴且易于做出或肯定或否定的回复。举个例子：

[姓名]，您好!

非常享受与您在 _____ 项目上的合作。您是否愿意为我写一份可以发布在我的个人网站上的客户评价? 我会链接回您的网站，以帮助您的网站进行搜索引擎优化（SEO）。

我可以起草一份评价并发给您审查，也可以给您发送一些问题。请告知怎么做对您来说更方便。

感谢!

[你的名字]

完美的客户评价应详细说明你的理想客户所遇到的问题、你的服务或想法如何解决了那些问题，并提供有关工作成就或结果的证据。

客户评价框架有助于更快收到回复。每次发送请求评价支持的邮件时，都要询问客户是否方便使用简单的脚本。或者，你可以提几个问题让对方回答。例如:

1. 我曾为你或你的企业解决了什么问题?

2. 自从我交付任务以来，你的工作或项目有什么改进?

3. 如果你向其他企业推荐我的服务，你会说什么?

把最好的客户评价放在网站主页或热门页面上。

获取潜在客户

利用个人网站获取潜在客户的电子邮件地址。除了联系人表格，电子邮件订阅也是吸引潜在客户的最佳方式之一。SumoMe 是流行的潜在客户开发工具，可以用来获取电子邮件地址。发送邮件有助于与网站访客建立联系。许多人不会轻易在网站上泄露电子邮件地址。你可以通过赠送一本有教育意义的电子书、一次免费的注册咨询或者承诺解决你所在行业中的某个问题来克服这个障碍，以换取他们的电子邮件地址。随后联系他们，询问可以帮助他们的企业解决什么问题。

投放广告

谷歌广告关键字（Google Adwords）有助于向合适的受众宣传你的服务。领英和推特也可以向特定目标客户投放广告。微软必应（Microsoft's Bing Network）也是与谷歌广告关键字相似的广告投放平台。可以先在一到两个广告投放平台轻松设置小额的每日预算尝试一下，然后在对你更有用的平台上投入更多预算。你将为你的网站吸引流量，并努力将这些流量发展成潜在客户。谷歌广告关键字和微软必应比脸书、领英或推特的学习曲线更陡峭。它们需要一段时间建立，也需要一段时间才能获得回报。你可以在 PPC University 学习如何有效投放付费广告，这是一个由付费搜索软件公司 WordStream 的点击付费（PPC）专家整合而成的教育资源网站。

为提高广告转化率，定向投放具有特定价值定位的广告，赠送有价值（最好是内容丰富的电子书）的东西，从而把潜在客户的电子邮件地址纳入你的列表中，然后继续提供你的价值（培养潜在客户），直到对方足够信任你并与你联系为止。

分享有教育意义的内容

写博客、创作电子书、分享与你所提供服务主题相关的信息产出，这些都是建立联系并成为咨询专家的绝佳方式。他们也可以把你介绍给一些优秀的人。通过在线查找到你提供的信息产品，品牌方可以直接与你联系并雇用你为他们工作。

社交联络

传统社交仍是获得新客户的最佳方式。线上和线下相结合的社交是获得零工工作最有效的方式之一。初出茅庐的零工工作者在获得新客户的过程中，社交可能是令其感到不适和尴尬的环节，对性格内向的人来说尤其如此。但社交联络可能是有益的经历，所以，把在这方面花费的时间和金钱当作是对自己的投资，是与潜在客户建立真正联系的机会，只要稍加练习，你就能从中找到乐趣！

利用线上和线下的社交机会联系潜在客户。领英一直是线上社交的最佳工具之一。用有关自己和工作的最新信息去完善领英个人资料。为了获得最好的结果，要在领英上导入联系人，与许多人建立联系。通过和联系人分享相关内容以保持状态更新。利用领英群组，回答与你所在领域相关的问题并主动提供解决方案，这样不仅能扩大关系网，还有可能从一些联系人那里获得有偿工作。

不要局限于业内专业人士，首先要确保朋友和家人了解你的工作内容，他们可以把你的服务推荐到他们的职业圈子中。你也可以使用社交媒体联系那些可能需要你的服务的人。如同任何需要时间去建立并增长信任的商业关系一样，在你的成长过程中必须不断建立和维持良好的关系。成功在很大程度上取决于你培养的业务联系。

思想领导力

培养思想领导力是吸引潜在客户的最佳方式之一。但是，要成为自身领域里的思想领袖，离不开勤奋、自律和持之以恒，而思想领袖树立起自己的品牌及声誉，需要时间的积淀。写作与演讲是成为思想领袖的最佳策略。你很可能做不到明天就影响所有受众，这比回复电子邮件要困难得多，但在自身领域树立思想领袖的形象可以吸引有影响力的品牌。

开始行动的想法

你不可能一开始就是影响者，但你可以有目的地朝着这个方向去打造职业生涯。可以先在小型社交网站 Meetup 上传授知识，推出免费在线课程来教导客户，或者在 Quora 和 Medium 等网站发布相关内容，也可以开展为期一个月的教育系列课程，主要讲解如何完成自身领域里的某项特定任务。在热门行业博客上以游客身份发帖。开通播客（一种用户可以下载收听的数字音频或视频软件）、主办网络研讨会（线上研讨会，将演示变为在世界任何角落都可参与的实时对话）、联系自身领域里更小型的博客和播客、打听有关自身技能的采访活动——这些想法不必同时全都尝试，只考虑自己每周都能坚持做的几个就好。看看会得到什么反应。然后，衡量结果并集中精力去践行最有效的想法。

关键知识点

- 开始寻找潜在客户时——打电话、发送冷邮件、在社交媒体上建立联系、在研讨会上发出推介等，重点是与现在或未来可能想要与你合作的人建立联系。

- 联系你想要合作的人的最佳方式之一是通过你已经认识的人建立联系。

- 创建一个有条理的推介系统是获得客户的关键。最容易获得最佳零工的方式是为自己构建一个可靠的流程，确保及时找到高质量的工作。

- 利用相关的工作求职公告板找工作；求职公告板是最容易找到工作的方式之一。

- 每成功交付一份零工，都要请求客户为你推荐新客户。这是快速找到客户的最佳方式之一。

- 有效使用客户评价。客户背书证明你能兑现承诺。他们会为你的营销增添可信度。

- 分享与你的服务相关的免费信息产品（电子书、案例研究、信息图表、博客文章）是与客户建立关系并成为专家顾问的出色方法。

- 传统的社交仍然是获得新客户的最佳途径之一。留出时间参加行业活动或会议，以联系行业领袖和影响者。

第 9 章

管理客户

客户支撑起了企业运转，他们对个体经营者来说是不可或缺的。你选择合作的每一个企业或个人都可能成为回头客，所以要保证他们与你的合作经历是美好的。每位客户都有不同的目标和期望，你得投入时间去建立并维系客户关系，以获得信任、建立信誉。良好的客户关系有助于你按时获得报酬，使你对每天的工作充满激情，并在业务中茁壮成长。而糟糕的客户关系往往会造成沮丧、延迟付款和误解等问题。本章将探讨如何建立和维系客户关系、如何建立成功的客户管理体系、与客户沟通的最佳方式以及客户关系管理的有用工具。

建立并培养关系

赢得客户是困难的，所以更要培养和留住合适的客户。业务本质上与人有关，所以要懂得如何与客户合作并维系与最佳客户的牢固关系。更好的客户关系管理技巧关乎尊重他人，并诚实面对人力所能及之事。它对你在规定时间内能做什么保持务实的态度，对完成工作需要多长时间保持开放的心态。不要为了赢得合同而撒谎，如果承诺过多而交付不足，就不会有出色的表现。此外，长期误导客户以赢得项目的行为可能会损害你的声誉。如果客户要求更新任务状态或询问可交付成果，职业的做法要求你以尊重的态度行事，并对项目和客户都真正感兴趣。雄心勃勃，挑战自我，但要注意自己的长处和短处。

建立沟通系统

在开启零工职业生涯之初就确定合适的沟通渠道，这样可以节省大量时间，简化与不同客户交流的过程，并帮助你轻松从事不同的项目。选择什么沟通工具取决于客户想在项目进行过程中如何与你沟通。无论是单独使用电子邮件、聊天群组（Slack）、网络电话（Skype）、协作工具还是组合使用这些工具，都要坚持使用相同的渠道与每位客户沟通。在客户要求修改、反馈或持续更新状态时，做到这一点尤为重要。可以在每个项目刚开始的时候，就探讨你最喜欢的沟通方式，并解释在项目的不同阶段将使用每一种沟通渠道的理由和方法。这使得他们可以轻松地准备、注册和建立不同的渠道，让沟通过程变得更轻松。如果你的可交付成果是文稿、音频和视频的组合，那么向客户说清楚你打算如何交付是值得的。

划定界限

身处零工经济时代，因担心错过同一客户将来可能提供的工作，你可能什么事情都得做，甚至要在工作时间以外去做。如果期望得到客户评价，努力工作的欲望就会更强烈。树立界限，有助于你无论动机如何都坚持基本规则，让你不受占用你时间和精力的意外请求的干扰而自由地工作，还让你专心工作，更好地为客户服务。不要害怕让你的客户了解哪些请求是可接受的哪些是不可接受的。如果不接受周末工作，如果在非工作时间无法回复电话和邮件，都要与客户沟通并让其知晓。即便是居家工作，或在咖啡店用笔记本，抑或在联合办公场所工作，都要强制执行工作时间方面的规则。这样做的目的是能够有计划地休息，避免通宵达旦工作而精疲力竭。设置"下班时间"邮件自动回复，告诉客户你多久会回复他们，以及在此期间，如果他们需要紧急沟通的话可以做些什么。

每个项目开始前都得签合同

对每份工作或任务的期望，应该以书面形式定下来。要和客户一起决定每个项目的条款，双方应商量着决定工作条款的内容。合同可以消除不确定性，所以要写下简单的协议，确保每个人都清楚自己需要做什么。合同应详细规定可交付成果、时间表、工作和付款的时间表及范围、完成工作所需的资源以及你对薪酬的期望值。合同还要包含费用、加班费、滞纳金、你期望的付款时间等内容。支付条款要规定得非常具体。合同中还应包含以下内容：如何给客户开发票？你希望如何支付？客户应在多久时间内支付部分或全部款项？你的退款政策是什么？为避免出现支付问题，在开始工作之前就要求支付定金。许多行业接受预付估计费用的30%~50%的做法。不要接受在完全交付成果后才付款的支付条款。你不希望看到这种情况出现：在某个项目上投入了数月时间，却被客户拒绝，并支付低于你应得的水平的报酬。

你期望客户为额外的资源付费吗？例如，客户是否应该支付你没使用的订阅服务？如果应该，就在合同中写清楚。如果客户必须提供商业图片或某些材料才能完成工作，在项目开始前就把这一点写入合同。条款简洁、内容清晰的合同会给你带来专注于工作所需的安全感，因为你知道双方都同意遵守同样的条款。未来面对不同客户时，可以重复使用合同模板。可以利用熊猫文档（PandaDoc）来轻松创建合同，也可以根据自身需要来编辑标准合同的模板。如果通过电子邮件发送合同，可以使用RightSignature软件来进行电子签名。

如有疑问，多问问题

不要对客户想要的成果做出结论和假设。许多自由职业者在提交初稿、交付成果或首次完成的任务后对客户的反馈感到震惊。避免初稿失败的唯一方法是向客户提出大量问题，了解他们想要什么。作为专家，你的首要任务是了解他们的问题然后再提出解决方案。一旦了解了客户的所思所想，并从客户的角度考虑问题，就能避免很多没必要的工作。仔细检查细节，弄清楚任何可能不清楚的地方，先确认事实，然后再着手工作。要知道，针对每一个问题，客户心中都有最想要的结果。项目描述有时无法明确传达出客户的期望。

制定日历

规划每天或每周的任务和活动，是设计人生的有效途径。日历能够揭示在特定时间必须要做的具有重要性且强调时效性的所有活动。你可以使用你最喜欢的日历应用程序来安排陪伴家人、锻炼身体和下班休息等个人活动的时间。与其将任务排入待办清单，不如将任务排入日历，这有助于你更好地完成工作，并减轻因知晓何时要工作并交付任务而带来的压力。在使用日历应用程序时，要标记关键日期，更好的做法是创建一个任务期限系统：把某些任务标记为"重要"，其他任务则标记为"紧急"。日历上标记为"重要"的任务包括那些有助于项目完工的具体任务；标记为"紧急"的任务则是必须立即回复的电话和邮件等。这种做法有助于你先集中精力去完成需要立即关注的任务，然后再去做其他任务。如果针对具体项目创建了日历，就邀请客户来共享。谷歌日历（Google Calendar）是一款免费但实用的应用程序，它可以满足你的所有需求。Clear、

Sunsama 和 Wunderlist 都是谷歌日历很好的替代品。如果手头很多项目的时间表各不相同，就需要一个功能强大的项目管理工具，而不能仅仅依赖于日历。

如何得到反馈

独立工作者要取得成功，反馈至关重要；如果希望客户把你的工作推介给其他企业和同事，反馈就更加重要了。客观地评价自己的交付成果有助于你改进效果不好的工作，做更多效果好的工作。如果希望客户将来雇用你提供服务，就在完成任务后，从他们那里寻求真正意义上的反馈。对任何将来可能出问题的问题，或项目进程中的任何障碍，要及时加以解决，而不是在合同结束后等待反馈。可以把召开定期审查或进度审查会议纳入个人时间表。一个好的做法是：在对项目投入 30% 以及项目完成 70% 时，安排与客户进行简短会面。会面要简短，多倾听而不要谈论自己做过什么，并提出开放式的问题，比如"你认为……如何？"或"你希望我改变或加强什么？"要专注于搜集信息来改善最终的可交付成果。每次反馈会议后，为表明自己已经接受会议上的反馈并将付诸实施，给客户发送一份有关讨论内容和即将采取的行动的会议纪要。甚至可以更进一步，给客户发送一份清单，列出未来几周你将做出的改变。

把反馈会议列入日程，目的是确保按计划开展工作，化解客户对你的工作方式可能产生的担忧，并消除客户在可交付成果方面的任何疑问。紧急调查公司（Emergent Research）的合伙人兼《哈佛商业评论》（*Harvard Business Review*）的作家史蒂夫·金（Steve King）解释说："确保你和你的客户从一开始就对项目计划和可交付成果达成一致，通过这种方式获得积极的反馈。之所以出现问题，往往是因为在任务目标、时间表和/或可交付成果方面不够清晰。"（2015）如果对某项任务一无所知，你就得表达你的担忧，明确客户的期望，并与他们合作切实实现他们对你的期望。

把批评当作反馈

百分百的客户满意度是每个企业和顾问的梦想。遗憾的是，在你提供服务时，并非所有的事情都按照计划或预期进行。在你的职业生涯中，有些客户可能不喜欢你最终的交付成果、你的工作和沟通方式，甚至可能想让你全部重做一遍。不管客户的反馈带有多少批评的成分，你都要记住自己是在做生意，不要情绪化。在任何情况下，都要以积极的态度回复客户，虚心接受意见和建议，作为专业人士，不要把对你工作的反馈和拒绝视为对你作为专业人士的全面判断。如果批评含糊不清，就提出具体的问题深入挖掘，找出真正的问题之所在。这将有助于你为客户所关心的问题找到解决方案。

如果不断遭到多位客户的相同批评，你就得花时间反思一下自己的工作风格和行为模式了，并保持开放的心态去认识并改变自己的工作方式。

批评是了解自己和客户的机会，也是让客户的态度发生转变的良机，从基本满意转变到非常满意的客户未来可能会为你提供回头生意。在面临所有反馈时，退一步重新思考该如何改进工作。在某些情况下，由于日程安排过紧或临近截止时间，你可能会错过利用批评创造优势的机会。如果竭尽全力都无法让客户的态度由不满转变为满意，就礼貌地向客户解释这段关系无法挽救的原因，并继续维持你和客户的声誉。

专业处理延迟付款的问题

延迟付款是每位自由职业者都会面临的最大挑战。维护独立工作者权益的非营利性组织自由职业者联盟（Freelancers Union）的调查显示，70% 以上的自由职业者在其职业生涯中的某个阶段都会难以获得报酬。（Knight，2017）延迟付款会影响你的业务增长和工作方式。如果因为延迟付款而导致财务困难，你就无法集中精力去完成工作。如果处理不当，延迟付款还可能会破坏良好的客户关系。

发票应用程序可以在预定的间隔时间发出温馨提醒，这样可以在确保客户及时付款的前提下，维护好你与客户的良好关系。如果没有人回应你的提醒，就拨打电话与合适的人沟通，如果与你合作的是声誉很好的企业，最合适的沟通对象就是对方会计部的人。如果与你合作的是按付款周期进行支付的热门品牌或企业，就需要查清对方的支付时间和支付方式。在很多情况下，应对付款周期的办法是建立适合自己的经常性账单周期，并在合同中明确说明。对于按周或按月交付成果的长期项目，要求执行"里程碑付款"方案。这样可以改善现金流，并确保你和客户保持一致性。

如何修复破裂的关系

如同任何商业关系一样，你与客户的关系也会经常出问题。许多自由职业者会过快地切断与客户的联系。你愿意与优质客户合作解决问题，这显示了你的职业精神。每当客户关系岌岌可危时，都要去寻找问题的根源。你犯错了吗？客户对你是否有其他期待？是沟通不畅的问题吗？只有知道问题之所在，才能采取措施去修复。如果是你犯了错，就积极承担责任、提出解决方案、虚心接受意见和反馈，并在必要时做出改变。在很多情况下，破裂的关系都可以得到修复，但在某些情况下最好是向前看。即使你能感觉到某段关系即将走到尽头，也不要过河拆桥。你永远都不会知道那个人或客户何时会以怎样的方式再度进入你的生活。

客户管理工具

如果觉得管理多个项目很有挑战性，你就会发现，项目管理工具非常有用。它可以让你摆脱收件箱，帮你创建一个管理文档、文件和任务的平台。更重要的是，项目管理工具会为你所有的项目创建时间表。一旦习惯了最好的工具，你就会发现还有其他益处和选择，让你更轻松地掌控自己的生活。可以在项目开始之前就进行项目规划。如果你倾向于聘请其他自由职业者或与之协作，可以将任务分配给其他人，组织资源并预测未来的挑战，甚至在问题出现之前就确定问题之所在。合适的工具让你有能力掌控客户的项目，帮助你消除工作中的混乱局面并提升工作质量。在跟大量客户打交道时，Asana、Trello、Freedcamp 和 Basecamp 是几个可用来管理项目的最佳工具。

这些管理工具的最佳功能之一是自动执行重复性的活动，如每周更新进度报告等。这样有助于削减发邮件汇报工作进度的时间。你可以轻松使用 Asana 和 Trello，在勾除任务或将其移至"进行中或已完成"列的情况下，自动通知客户。为简化与多个客户的沟通过程，邀请客户使用你信任的工具和你为项目创建的共享云文件夹，并使用其他方式与客户共享数据、文件及项目信息。

关键知识点

- 与客户建立良好的关系可以为你赢得推荐机会、回头客业务和着眼于未来工作的客户评价。

- 在零工生涯开启之初就明确沟通渠道可以为你节省大量时间，简化与不同客户的沟通过程，并帮助你轻松完成各种不同的项目。

- 正式协议会列出项目的规模、时间表和支付条款，并确保你和客户双方都确切了解期望之所在；如果尚未签订正式协议，不要同意接手任何项目。

- 一旦签订合同并开始着手某个项目，就要在每一步都提供支持，让客户轻松了解你的工作进展且从头到尾都与你精诚合作。

- 当对项目描述产生疑问时，不要对客户的想法做出假设，而应该在开始某项任务或项目之前，先提出问题、做足功课并获得所有你需要的信息。

- 为了简化与多个客户的沟通过程，邀请客户使用你信任的效率管理或项目管理工具和你为项目创建的共享云文件夹，并使用其他方式与客户共享数据、文档和项目信息。

第 10 章

利用在线平台发挥
零工工作影响力

如今，技术平台越来越容易访问，这意味着企业可以利用到更多的全球独立合同工。个体经营者一度高度依赖自己的名片和社交活动去推销自己和自己提供的服务。这样工作来源就会受到人脉圈子大小的限制。而独立工作只受技术影响但不受其限制，它正在经历一场重大变革。本章将探索并诠释技术帮助零工工作者找工作的多种方式，以及自由职业者利用技术来推广自己的工作和专业技能的最佳方式。

选择合适的在线平台

在线人才平台正在改变人员与零工的匹配方式，从而提高雇用效率和企业的生产率。如今，仅需一台笔记本电脑、一项相关技能和合适的在线网站，实时应需顾问就能满世界找工作。许多行业里的专家，包括作家、开发人员、营销人员、分析师和研究人员等，在不同的在线门户网站上营销自己的服务，以比以往更高效的方式找到零工工作并赚取收入。随着技术的进步和新选择的出现，越来越多的人，无论身处何地，都有更好的机会在线推销自己的服务。选择合适的在线网站推销自己或展示以往的工作将会变得更加重要。

数字求职平台

灵活用工平台减少了人们寻找零工的时间，既为自由职业者节省了大量时间，也提高了他们更快找到工作的可能性。很多行业都有数以千计的自由职业网站和应用程序。如果你完全不了解自由职业，这些网站就是你开始注册寻找零工的最佳场所。经验丰富的自由职业者都知道这里列出的许多网站。要充分利用综合的自由职业网站，专注于推销你擅长的特定技能，而不是列出你能做的所有工作。

"天天向上"网站

"天天向上"（Upwork）的前身是两个独立的自由职业用工网站：Elance 和 oDesk。两家网站合并后更名为"天天向上"，目前是全球最大的在线自由职业网站之一，为几乎各个技能水平的人提供技术工作。要想在"天天向上"成功求职，就必须在注册时完善个人资料（附上以往工作的样例和推荐信），积攒好评、经验并建立出色的客户关系。你可以付费升级，这样会为你带来大量的零工机会。

跑腿兔

任何做家庭维修和装修的人都会发现跑腿兔（TaskRabbit）非常有用。该应用程序把个体经营者和当地需求匹配起来。平台上主要提供低技能类工作，包括搬运货物、清洁打扫、送货清洁、组装和安装电子设备、平板组装、重型起重以及室内普通手工劳动等。

"五美元"网站

"五美元"网站（Fiverr）是一个功能强大的数字服务市场，它提供设计、营销、写作、翻译、视频创作、音频、广告和编程等数字化服务。该平台以前把所有零工工作的基准价都设定为 5 美元，但现在已经改变了商业模式，允许零工工作者自行设定基准价。

"灵活工作"网站

如果你正在寻找灵活的远程兼职工作，就去"灵活工作"网站（FlexJobs）注册。该网站为灵活工作者与思爱普（SAP）、苹果（Apple）、希尔顿（Hilton）、施乐（Xerox）、戴尔（Dell）、销售势力（Salesforce）和普华永道（PwC）等热门品牌建立起来联系。"灵活工作"网站甚至可以为你找到远程全职工作。

求职者需支付会费才能完全访问该网站，并享受远程工作效率提升工具的折扣。

"顶尖人才"

"顶尖人才"（Toptal）为初创企业、中型企业和摩根大通（J.P.Morgan）、惠普（Hewlett Packard）、禅宗软件（Zendesk）和辉瑞（Pfizer）等大品牌提供高技能实时应需人才。该公司通过严格的申请流程仅招聘前 3% 的顶尖独立顾问。成功的求职者必须证明自己在商业、技术或设计方面有着良好的业绩记录和丰富的行业经验。"顶尖人才"提供的专家包括来自 100 多个国家的数千名人才。

亚马逊 Flex 项目

如果你有一辆车，并且不介意为优步或来福车（二者均为网约车应用程序）开车，也不介意为户户送（Deliveroo，在欧洲和亚洲的特定城市适用）配送食物，你可以了解一下亚马逊 Flex 平台。亚马逊的灵活工作方案让你有机会配送货物并根据配送次数赚钱。在加入该项目时，亚马逊会进行背景调查，并要求你在应用程序上观看教学视频。

99 设计

99 设计（99designs）是全球最大的实时应需设计交易平台

之一，面向全球高技能设计师。设计师提交项目报价，客户基于费用、经验、评价和以往工作样例选择想要合作的设计师。自由职业者也可以参与客户组织的设计竞赛。热门的项目包括徽标、网页和应用程序设计，还包括艺术和插图、包装、书籍和杂志设计以及一般营销和销售设计项目。

"顾如"网站

自由职业者可以在"顾如"（Guru）与客户建立联系并开展短期项目合作。你分分钟就可以创建"顾如"账户、浏览工作、提交报价并开始项目应聘。客户根据工作时长、里程碑、任务数量付款，也可能实行定期付款。该网站提供每日工作匹配功能，向自由职业者通知与其技能相匹配的好工作。

"自由职业者"平台

"自由职业者"（Freelancer）是最大的独立顾问数字化交易平台之一，是客户雇用软件开发、销售与营销、会计、法务和工程等工作类别里的专家。实时应需工作者在相关项目上投标，客户选择自认为适合自己工作的自由职业者作为合作对象。换言之，客户可以把工作直接提供给那些自认为合适的自由职业者。

"内容共享"平台

"内容共享"平台（Contently）是一个面向自由撰稿人、

自由平面设计师和自由编辑的数字市场。该平台把《财富》500
强企业与高技能内容（文字、图像、视频和音频）创作者匹配
起来，你可以在其自由职业版块创建自己的作品集界面，用它
推销你的工作，以获得更多零工。为了在该平台取得成功，你
需要把过去做过的工作有效汇集起来，以吸引报酬更高的零工。
自由职业者找到与自己的技能和背景相匹配的零工后，该平台
会与他们取得联系。

"小时工"平台

在"小时工"平台（PeoplePerHour）上，客户可以雇用到
数百个工作类别里的高技能专家。他们可以通过预付定金的方
式找人完成价格固定的任务，也可以联系专家来完成定制项目。
你可以轻松做到：管理该平台上的所有项目，收取报酬，与客
户沟通。

"天使名单"平台

"天使名单"（AngelList）是一个为初创企业打造的平台。
该网站为许多领域的高技能人才列出了数千份全职、兼职和远
程工作。仅需一份个人资料，你就可以向许多相关的初创企业
申请工作。你可以根据位置、行业、薪资、技术和角色来浏览
所列的工作。

你可能觉得有用的其他网站

还有一些不太知名的网站和应用程序可以用来找工作，其中包括：Care（一款面向实时应需型护理人员的应用程序）、Cavier（本地餐厅的餐饮配送）、Closet Collective（有偿出租你的衣服、鞋子、包包和配饰）、CrowdFlower（面向想要为项目做出贡献的数据科学家）、Dolly（配送或搬运物资）、DoorDash（食物配送服务）、Fancy Hands（美国的实时应需型助手工作应用）、Handy（帮助清洁工和手艺人找工作）、HomeAway（把房子租给来你所在的小镇或城市的游客）、SpareHire（实时应需型财务和咨询工作）、TaskEasy（屋主草坪护理任务）、Krop（帮助技术自由职业者找零工）、Remote（在远程工作的自由职业者和创新型企业之间搭建起联系）、Envato Studio（由开发人员、设计师和其他创意人士组成的社区）和 Crew（一个由被选中参与项目的设计师和软件开发人员组成的关系网）。

增加获得零工机会的方法

创建理想的个人资料描述

在自由职业网站上贴出的个人资料能为你赢得项目，这是最重要的营销工具。我们花时间创建一份理想的自我描述，其目的是向特定客户推介自己而不是推销你的全部技能。

自我描述要个性化，使之符合各个自由职业网站的注册要求，并重点向客户介绍你的技能如何能帮到他们。不要把你能提供的服务全都列出来，而要把你想要为人所知的最重要的技能展示出来。零工工作平台上的每一份个人资料，都要设置特定的标题。引人注目的标题往往只有寥寥数词，所以要尽可能精确。这将帮助客户在看到你的资料时了解你提供的服务。使用安卓开发平台或 iOS 开发平台，不要用移动开发平台；使用你独有的技能，不要用一般化的技能。目标化的个人资料可以增加你得到特定零工的机会，并提高你的整体利润率。

在你简短的自我描述中，不要用第三人称描述自己，而要使用第一人称。例如，不要写"在音频、文本和图像内容创作方面有三年经验的平面设计师"，而是写"我可以创作令人惊叹的图像，帮助你和企业吸引并赢得客户"。专注于帮助客户成功解决问题的方法。在自由职业者网站上寻找零工工作者的人更感兴趣的是你解决他们具体问题、帮助他们推动销售和业绩的能力，而不是你能做的工作的全部细节。在简短的简历中（最好是 300 字），通过提及你过去帮助客户的方法，向客户证明你有资格、有能力、有热情去承担一个新项目。记得维护个人资料。就像简历一样，它需要随着你获得经验和从事项目的增加而更新，所以每六个月就要重新访问并更新。

用独特的提案促进你成功

许多自由职业网站允许你提交与你技能相匹配的工作提案，

如果你专注于正确处理每个提案的细节，就可以增加赢得项目的机会。你在每次提交前都要仔细检查项目描述，以及你能为具体问题提供哪些不同的解决方法。完成这项工作所涉及的领域和技能是否与你的专业技能相匹配？在你考虑其他工作时，能否兑现你的诺言？你有多想要完成这份任务？在提交提案之前，最好对承担网站上的任何项目都真正感兴趣。热情可以改善你的工作方式并增进你与客户的关系，因为热情会让你全力以赴。某个项目的益处和报酬可能会吸引你提交对许多项目的提案，但要选择那些会提升你的技能、扩大你的作品集和让你更接近成为你所选领域权威的项目。做不合适的项目可能会导致拖延，并分散你的注意力，让你无法实现成为一名可信专家的长期目标。

如果你确定要为某项目提交提案，要明确写出为什么你可以比其他自由职业者做得更好。更新后的个人资料和给潜在客户发送的介绍信息应展示你能带来的独特技能，和你过去从事的相似和相关的任务。参考第2章可了解如何创建成功的个人资料。在每份提案中，问一些深思熟虑的，与工作描述相关的问题。询问你大致上想怎样解决问题并添加详细的时间表或里程碑以展示你的工作过程。避免调整你的提案模板，写下个人提案强调工作描述中提到的细节。你的工作术语应简明易懂。潜在客户会收到许多提案，因此描述冗长的投标可能会被跳过，而简单的投标更为有利。要明确你将提供什么、你收取的费用，以及你需要多长时间来完成它。一旦你提交一个提案，就要准备好快速回应客户可能会对你的投标产生的问题。

你不会得到每个人的回应，也不会赢得你争取的每个项目，所以要做好对相关项目多次投标的准备。不要因最初的投标没有得到回应，就放弃一次又一次的尝试。在每一次推介中，都要研究新方法，让客户相信你交付成果的能力并让其成为你的专利。提交提案是长期的工作，而获得成功可能需要几周甚至几个月的时间，所以不要放弃初次尝试的机会。

关键知识点

● 随着技术的进步和新选择的出现，无论人们身在何处都将
  有更好的机会在线上推销他们的服务。选择合适的在线网
  站来推销自己或展示你过去的工作成果将变得更重要。

● 你在自由职业网站上的个人资料是最重要的营销工具，可
  以为你赢得项目。投入时间创建一份理想的个人资料，旨
  在向特定的客户推介自己，而不是推销你的全部技能。

● 如果你选择在零工网站上提交提案，要清楚地概述你打算
  如何解决问题，并附加一个详细的时间表或里程碑来展示
  你的工作过程。避免调整你的提案模板，写下个人提案强
  调工作描述中的细节。

第 11 章

克服对自由职业的恐惧

我们已经探讨了选择为自己工作的好处以及打造有信誉的零工职业生涯的方法。不过，许多人看到了太多的挑战，甚至对自由职业的世界望而却步。即使对那些刚开始自我定位为独立顾问的人来说，管理其职业生活的挑战之大也可能是让人难以承受的。本章将解决这方面的一些常见问题。例如，如何开启自由职业，并在作为零工工作者的头几个月或头几年里保持热情？

不敢迈出第一步

恐惧会产生巨大影响，在个人的生活、工作和财务方面的恐惧，尤其如此。如果失败了怎么办？如果找不到客户怎么办？如果赚不到足以养家糊口的钱怎么办？这些都是需要加以考虑的实际问题。任何改变人生的旅程都会带来不确定性，但只要准备周全，你的自由职业之旅会成为你一生中最具成就感的决策。和你人生中做出的任何其他决策和行动一样，选择为自己工作也需要深思熟虑地进行规划。如果你打算为了全心投入独立工作生涯而离职，或者正在考虑以全职身份搞点副业，就得调整好心态，在工作、个人责任和财务责任以及界定新职业的各项义务方面做好规划。

　　对失去固定收入的担忧可能挥之不去，但明智的做法是：你要已经有一些想法甚至是酝酿之中的方案，且已经为寻找客户的那段时间进行了足够的储蓄。在决定要全心投入自由职业的时候，要考虑到租金或抵押贷款之类的定期账单以及所有那些每个月都会发生的直接债务。如果打算放弃固定薪水，就应该制订出完备的行动计划，且对自己的收支情况了然于心。如果在照顾好自己、家属（如果有的话）及自身事务方面尚未制订出切实可行的计划，我不建议草率离职。切实可行的财务计划至少应该涵盖未来三个月。

　　很多人不选择为自己工作，原因在于他们对自食其力的细节问题、当前的经济形势、自身的能力以及任何可能出岔子的事情感到担忧。要化解这些正常的担忧，就不要在没有计划的情况下贸然选择自由职业。你的计划不要仅局限于自身的财务状况，还应该涵盖以下内容：可纳入作品集的内容、获得客户的方式、找到零工的场所、每周能发出推销函、回复潜在客户、在赢得客户后向其发出合同的最低数量、如何管理多个项目以及可实施的技能提升计划等。除了拥有计划，还要确定自己知道选择为自己工作的理由，并写出独立咨询顾问何以成为自己的一项可行的职业选择的全部理由。在开始自由职业之后，如果你仍然感觉到恐惧，那么便重新读一读这个理由列表，重温自己选择自由职业的初衷。

缺乏信心

担心自己不够好，这是一些人不敢选择自由职业的诸多理由之一。你擅长的领域可能竞争剧烈，但这并不意味着客户会因为你缺乏经验或经验不足而选择不与你合作。如果缺乏对自身、对自己所做工作的质量、对自己吸引并留住客户的能力以及收入管理能力的信心，你会备受打击，从而裹足不前。请记住：承接的项目越多，无论项目有多小，你在自身领域作为专家积累的经验就越多。一旦选择为自己工作，你就得意识到新入行和高技能的实时应需工作者都有工作可做。无论经验多少，都可以找到最适合的用武之地。在与企业接洽工作时，你需要拿出信心来。

为了增强你的信心，请从完全适合自己专长的项目或可以帮助你快速积累经验的小任务、小工作开始。这样可以帮助你在接触客户时放松下来，并使你对选择从事的新工作感到更加从容不迫。

如果对自己没有信心，你可以聘请导师或教练，参加课程或利用资源来帮助你鼓起前行的勇气。如果选择聘请教练，就找一个有影响力且人脉广的人。有良好记录的优秀教练可能会将你拉进自己的圈子，并且由于客户认识这位教练，因此可以为你推荐更多的工作机会。

你也可以向其他成功的自由职业者学习。不要推倒重来。在你的专业领域里，会有很多成功的自由职业者免费分享自己作为独立工作者纵横职场的技巧。读读他们的故事，了解他们是如何开始的，在赢得客户方面有哪些独到之处，以及他们为维持自己的生活所做的一切。在第 12 章中，我采访了六位成功的自由职业者，他们分享了自己的个人经历和工作方式。请尝试利用他们的经验来更好地决定你自己的工作方式，你甚至可以向他们寻求建议。

拒绝

无论你把工作做得有多出色，你都不可能赢得所有的潜在客户。时不时会遭到拒绝，这是可以接受的。人们和企业有不同的需求和要求，他们会出于多种原因拒绝推销。例如，你的推介可能会发给错误的人，他们太忙而无法将其转发给合适的人，或者客户在你推介时可能没有项目预算。在许多情况下，企业和客户可能没有资源来支持新项目或新任务。

重要的是不要停止向客户发出推介。即使不断遭到拒绝，你也要通过向决策者直接发送电子邮件、举办商业活动和回复零工广告等方式去联系潜在客户。你越是愿意去工作，就能越快地克服对拒绝的恐惧。没有人喜欢听人说自己不适合某项任务或项目，但是知道如何振作起来并再次发出推介是你作为自由职业者获得成长、干好工作的一项重要技能。在每次被拒绝后不断改进你的推介，而不是担心你的那些弱点。

寻找客户

工作机会说不定什么时候就中断，这种可怕的感觉可能令人难以承受。找不到可靠的长期客户，便没法保证持续得到工作，这种念头可能会让你一事无成。它会阻止你跳出舒适区去进行任何新尝试。独立合同工有两个主要工作：一是对自己所做的事情感到欣喜，二是找到客户并留住客户。无论是打算做自由职业者，还是做全职独立合同工，找到客户并非是不可能的。初步接触客户需要时间和精力，要是你过去没做过任何零工，更是如此。你需要发送大量得不到回复的冷邮件①，甚至要努力争取才能得到最重要的第一个客户，这个过程可能令人沮丧不已。但是，一旦迈出第一步，或者更好的是，你的客户群日益扩大，作品集和行业声誉不断增长，你的自由职业之旅将变得踏实稳健，强烈的成就感会完全盖过起初的辛苦付出。如果始终如一地践行第4章讨论的在零工经济中寻找工作的思想，

---

① Cold Email（冷邮件）的意思就是，你拿到了一个刚刚在线上或者线下认识的人的邮箱，然后要发邮件给对方，以此来认识、请教或是请求对方的帮助。——译者注

你便可以进行自我定位，以吸引和找到合适的客户。

许多自由职业者会犯的错误是，当连续几周都有任务或项目安排时，就会停止寻找客户。不要等到项目完成后才开始寻找更多工作，即使忙得不可开交，也要继续寻找客户。形势一片大好的时候不要高兴得太早，要时刻记住不断寻找新的机会。接触的那些能为你带来工作机会的人越多，找到可以合作的忠实客户的机会也就越多。而且，客户越多，职业稳定的可能性就越大。到一定阶段后，便不需要像一开始那样努力推销或推介自己了。如果首次合作你就做得很好，便会有很多回头客来找你做重复性的业务。

新入行的零工工作者会很难相信能做到这些，觉得有些天方夜谭，但相信我，只要不放弃，职业生涯终会达到那一刻。过去，我几乎每天都申请很多工作，但如今我以前的那些客户每月都会给我提供工作。我再也不必担心出现没活可干、没有收入的寡淡月份了。

收入无保障

即使是全职员工，最关心的也一直是是否能赚到足够多的钱。能否按时拿到报酬并攒下足够的钱，将来能否付得起账单，这些担忧可能会妨碍你投身于灵活的实时应需工作。对自由职业，人们常问及的基本问题是：收入是否有保障。答案是肯定的。

你在这方面的掌控力度超出你的想象。在全心投入自雇工作之前就制订出财务计划，会有助于你为未来做好准备。

要过上收入有保障的生活，需要学会做预算并养成储蓄的习惯。此外，如果你有一笔应急资金，至少能应付六个月的支出，它将帮助你专注于寻找客户并建立业务。管理个人的资金可以归结为以下三个要点：

- 了解目前的收入状况。
- 管理自己的各项支出。
- 建立最优"金融安全网"。

重新评估支出项，是在满足需要（必要的家庭支出）的同时，减少自己的欲望（娱乐花费）。这将帮助你找准立足点并扩大客户群，同时积攒下更多的钱。一旦开始与客户合作，每个季度都要重新评估自己的收入流，以了解自己赚到了多少，哪些策略是行之有效的，以及为了吸引更多客户，自己应该把精力集中在哪些方面。关键在于，不要有了几位客户便忘乎所以、不思进取，而是要在吸引客户并留住客户方面孜孜以求、更上一层楼。

在积累经验的同时，考虑提高自己的费率也很重要。大多数自由职业者担心，如果收取有竞争力的费用，就得不到潜在的工作。但合适的收费会提高你的客户质量，而且从长远来看会增加自身的收入。低预算的工作会让你在更多的项目上浪费时间和精力，而这些项目并不能带来更高的收入。同时，这也意味着你必须放弃未来可能带来更高收入的高质量工作。因此，要仔细选择合适的工作。

关键知识点

- 如果你打算离职以全心投入独立工作生涯，或者正在考虑以全职身份去搞点副业，那么，制订完备的行动计划并充分了解自己的收支状况是至关重要的。

- 完美的行动计划不应该仅局限于财务状况，而还应该包括寻找客户的方法、注册零工的地方、能赢得高质量客户的有竞争力的费率、提供给客户的工作合同以及管理多个项目的方法。

- 为了增强信心，可先承接一些难度匹配自己专长的项目或能帮助你快速积累经验的小任务、零工。这样有助于你在接触客户的时候放松心态，让你在选择要从事的新零工时更加从容。

- 越愿意去工作，就能越快地克服被拒绝的恐惧。

- 如果从一开始就不能正确应对财务不稳定的因素，那么它就会产生巨大的压力。甚至在全心投入自雇工作之前就制订一份财务应急计划，会有助于你为未来做好准备。

- 形势一片大好的时候不要高兴得太早，一开始就要不断寻找新的机会。接触的那些能为你带来工作机会的人越多，找到可以长期合作的忠实客户的机会也就越多。而且，客户越多，职业稳定的可能性就越大。

第 12 章

独立合同工的
成功故事

作为自由职业者，打造自己想要的生活和在其他领域开展业务没什么两样。所有能得到（尤其是来自那些成功者）的建议和教训，你都需要。我当年在决定全身心投入独立顾问的生活时，就读过很多关于选择为自己工作时如何取得成功的文章。我一直阅读我钦佩的那些人的成功故事，并试图将他们所有的建议和教训应用到我的生活中。为了让你也能做到这一点，甚至更多，我联系了六位成功的独立合同工和为自己工作的顾问。我请他们分享他们典型的工作日、如何推介自己和寻找客户、他们在工作中一直使用的工具、他们认为一些自由职业者很难找到客户的理由、你可以做些什么来提高你的财务安全以及如果从头再来，他们会做出哪些改进。在本章中，这些与微软、汇丰银行、联邦快递、Thinkific、《华尔街日报》《哈佛商业评论》和快公司（Fast Company）等公司和出版商合作过的成功独立合同工将揭示什么对他们有用，以及作为自由职业者你可以做些什么来让自己茁壮成长。

保罗·贾维斯

保罗·贾维斯（Paul Jarvis）是一名设计师，著有《我所知道的一切》（*Everything I Know*）和《在线业务一本通》（*Be Awesome at Online Business*）两本书，还创建了"创意课"（Creative Class）、"微博通精要"（Chimp Essentials）和"扩大受众"（Grow Your Audience）三门在线课程。他分享了他作为独立合同工的故事，解释了他的工作方式，描述了一路走过来学到的经验、吸取的教训，并就你选择成为自由职业者后该如何发展提供了建议。

你一直为自己工作吗？

到目前为止，是的。我为自己工作了大约 20 年。我在企业待过一小段时间，然后去了一家设计机构，但二者前后都只待了不到 1 年。

对你来说，典型的工作日是什么样子的？

每天我都会有截然不同的事情要做。我还尝试将类似的工作"组合"在一起，这样完成起来会更快。不过，一般而言，我醒来后会清理收件箱（通常 15~20 分钟），浏览新闻（10~15 分钟），然后开始工作。

我每周必须完成的任务一般包括写作、设计和编码，除此之外还有开会以及与人沟通。自成为写作者以来，我大部分时间都在写东西。我每周撰写文章并教授在线课程。鉴于我的专业背景是设计和开发，我仍然在为自己的项目负责这两方面的的事务，因为我现在不再与客户合作，也不做零工了，所以设计和开发方面的工作量不算大。

在会议/沟通方面，因为我与很多人一起工作，还得做采访，所以我要花大量时间在与人交流上。我总是尝试在周二和周三（而不是周一或周五）集中打电话。当我在写作、设计或编码时，我喜欢在很长一段时间内专注于一件事——不看电子邮件，也不看社交媒体。我不在手机或电脑上设置任何通知。我喜欢长时间专注地工作，所以可以快速完成。

这些年来，你在寻找客户、营销自己和推广工作方面学到了什么？

任何层面的业务都离不开人际关系。我被《财富》500强公司聘用的方式与被夫妻店聘用的方式相同，这是因为那些人都是通过人际关系分离度①来了解我的。所以，我一直在努力同我喜欢与之交谈和结识的人保持联系。

你永远不知道他们认识谁，而且，你只要不是反社会人士，就应该喜欢与他人交谈并向他人学习。我遇到的每一个商业线索都源于花时间与他人交谈和学习。至于营销，我一直觉得我是一个糟糕的销售员，却是一个体面的倾听者，我会留意人们

---

① 人际关系分离度（degree of separntion）指两个人通过中间共同认识人而认识的关系。如"六度空间"理论，即世界上任何两个人之间所间隔的人不会超过六个。——译者注

说话时的意图。因此，对营销，我总是尝试根据我听到别人说他们需要的东西来创建我的产品，并使用别人用来描述产品解决了什么问题的词语来设计销售文案。我还花大量时间去和那些对我的工作感兴趣的人保持联系。正因如此，我有一份在每周时事通讯，在每个星期天都会分享一篇文章的名单。订阅者都是一些对我正在做的事情和我要说的话感兴趣的人，因此每周与他们保持联系意味着我的品牌和产品是他们的首选。

对推广，我始终考虑的是，我的产品会如何帮到别人，因为商业要服务于人。如果能提供良好的服务，而且客户之所得（价值）超过其所舍（金钱），我们就能赚到钱。所以，在推广我创造的东西时，我喜欢分享我所做的东西何以帮助到他人。我尽可能说得明确具体，因为，专门为特定受众打造的东西销售起来更容易。

你发现哪些工具在你的职业生涯中始终有用，为什么？

我其实算不上工具的超级粉丝。除了默认应用程序，我的手机上几乎没有其他软件。对写作，我乐于在任何程序中写东西。设计也是如此——我不在乎我使用的是 Photoshop 还是 Sketch。我宁愿花更多的时间来完善我的技能，也不愿考虑特定工具的工作原理，因为工具总是在变化。

话虽如此，有了互联网，与大量人保持联系变得极为方便。例如，我的邮件列表有 30 000 多名订阅者，我可以通过 MailChimp 向这么多人发送电子邮件，就像给一个人发送电子邮件一样容易（然而，如果 MailChimp 明天消失，我会转移到另一个平台）。现在，使用 Stripe、Paypal 或 Braintree 等工具进行在线销售或收款也非常容易。我记得在 20 世纪 90 年代，即使是简单的电子商务也特别费时费力。对平台，我倾向于远离社交媒体。我从不上脸书和领英，用推特也是把它当作讽刺的发泄口。我宁愿专注于我自己的平台：我的邮件列表和我的网站。这样，我可以完全控制它们。我不想依赖一个可以改变规则或收费的平台来吸引我的受众。

许多自由职业者未能成功，也很难找到工作，你认为原因何在？

拥有技能和经营企业是有区别的。因此，优秀的设计师不会自动成为很棒的自由职业者，因为从事自由职业在很大程度上属于从商。当我还是自由职业者的时候，如果每天有 4 个小时的时间来设计，那就算很幸运了，剩下的时间都花在经营业务上了：寻找线索、完成销售、做市场营销、整理我写的书、和我的律师打交道、安排项目等。做自由职业好比是经营企业。如果不这么认为，你就会失败。

对许多选择自雇的人来说，收入无保障是一个沉重的问题。如果没有保障，你如何进行财务规划？

我觉得非常有安全感。在过去 20 年里，我认识很多在公司工作的人，他们遭到解雇、裁员，有的甚至换了多家公司，而我一直有同样的工作和同样的雇主（我自己）。我可以自己做主、自行管理事务，而做有把握的事情是有保障的。

也就是说，自由职业者必须多储蓄。我们没有雇主资助的退休计划，甚至没有医疗保险。我总是尽可能多地存钱，尽可能压制消费，以尽快积累出存款。

由于我不是投资者，我不想考虑如何管理我的钱，但我希望它越来越多。对我来说，这就是保障。我既投资于我自己的企业（回报率高），也投资于指数基金，因此我可以看到我的资金增速跑赢通货膨胀率。刚开始时，我的积蓄并不多，但每个月都会增加。几年后，我比大多数从事"真正"工作的朋友拥有更多的积蓄。这带给我很大的安全感。

倘若从头再来，你会做什么不同的事情吗？为什么？

我会更多地了解业务。刚开始的时候，我有技能，但没有商业头脑和商业意识，所以在愚蠢的事情上损失了很多钱。我不会去学校学商业，但我会读更多的书，向别人学习，并尽可能多地从周围的人那里学到东西。我也会在客户收到发票后当天立即付款——这将省去很多麻烦，并避免延迟／错过付款。

你对工作的未来有什么看法？

因为技术进步，现在为自己工作更容易了。今天能在普通计算机上做的事情，在 20 年前几乎是不可能做到的。不过，这并不意味着我们现在就比以前更好，只是意味着我们可以在世界上任何地方而不仅限于在办公室里做蹩脚的工人。因此，未来的工作仍然意味着弄清楚如何提高生产力、专注度和盈利能力。

你目前正在做什么想让我们知道的事情吗？

我有一本新书即将出版，名为《小企业生存之道》（*Company of One*），主要讲的是企业如何在不做大的情况下变得更好，已于 2019 年 1 月 15 日出版。

在哪里可以找到你的作品？

我的时事通讯，星期日快讯：https://pjrvs.com。

杰西卡·格林

杰西卡·格林（Jessica Greene）是一位自由作家。她为 B2B（Business to Business）公司（通常是初创公司和代理机构）创建内容。杰西卡为大小企业撰写长篇博客内容、案例研究、电子书和白皮书。她曾经是一名写作教练和企业营销人员。

你一直为自己工作吗？

不。我在大学期间做了几年自由作家，但毕业后我冒险进入了全职工作的世界。我为其他人工作了近十年，包括大公司、本地企业和科技初创公司。那十年我学到了很多。我学习了在每份工作中所能学到的技能，并在接下来的工作中对其进行了扩展。我不会改变我在职业生涯中度过那段时间的方式，因为这对我作为自由职业者的成功不可或缺。但是，归根结底，为别人工作并不适合我。日子一年年过去，我越来越觉得有必要重新开始我的自由职业生涯。两年前，我认为时机已经成熟。

我辞掉全职工作，从那以后一直为自己工作。

对你来说，典型的工作日是什么样子的？

在我读到的有关自由职业的文章中，人们总是谈到能够随时随地工作。"在海滩上"是一个耳熟能详的短语。不过，我典型的工作日可没那么有异国情调。从周一到周五，从早上8点到下午5点，我总是在工作。大多是居家、在办公桌前工作，但在不需要两台显示器的时候，我会靠在沙发上。为什么这么枯燥？嗯，部分是出于为他人工作十年的习惯，部分是因为我有一个正在读中学的女儿和一个典型从事朝九晚五工作的丈夫。对我和我的家人来说，传统的日程安排更有意义。但我认为，随时随地工作的想法只是一种描述自由职业所带来的自由的方式。

对我来说，这种自由意味着，没有什么工作要做时，不用继续待在电脑旁；工作完成后，当天就不用再工作了；不用请假就可以去看医生；每天都能接我的女儿放学。

这些年来，你在寻找客户、营销自己和推广工作方面学到了什么？

以我的经验，营销自己的最佳方式是事过留名。刚开始的时候，我主要做代笔，这让寻找新工作变得异常困难。我没有个人品牌，新客户基本上不得不相信我确实编写了我发送的样本，因为上面的署名从来都不是我自己的。仅此一项就是个巨大的障碍。另外，我花了很多时间寻找和申请零工。在我决定停止代笔只做可以署名的工作后，一切都改变了。人们在其他网站上看到我的作品，直接与我联系并提供工作机会。令人惊奇的是，刊载我写的东西的网站甚至没留下我的网站或电子邮件地址的链接，人们甚至得去搜索才能找到我的网站或我的社交资料。

可以让人找到你，这是推广自己的关键。所有自由职业者都需要一个网站，就算是非常基础的那种也行，还需要在社交网站上有一两个以业务为中心的个人资料。之所以强调一两个，是因为一个人不可能在太多渠道露面。过时的和被忽视的个人资料不会激发客户的信心。除此之外，我每次都按时为客户提供我最好的作品。他们会回报给我更多的工作——有时是为他们自己的公司，有时以推荐的形式。

你发现哪些工具在你的职业生涯中始终有用，为什么？

我使用的许多工具都是针对特定行业的，所以我将专注于那些拥有更广泛受众的工具。我使用 QuickBooks、Self-Employed 进行簿记。它会自动从我的企业账户中提取交易信息，因此我永远不会忘记记录任何收入或支出。它会计算出我每季度应缴多少税款，因此我永远不会受到缴纳滞纳金的处罚。它会自动使用我所有的费用数据填充我的纳税申报表，这在纳税季节为我节省了大量时间。

我使用 Mint 来做个人预算，它帮我给不同类别的支出（杂货、娱乐、账单等）设定目标，并跟踪实现这些支出目标的月度进度。在我自由职业生涯的早期，我错误地认为我不需要预算。现在，Mint 是我每天早上打开的第一个应用程序。我使用 Trello 来跟踪我的工作，它让我全面了解了自己手头的工作及截止日期。我所有的客户也都使用 Trello。它是跨大型分布式团队协作的绝佳工具，也是管理个人待办事项列表的绝佳工具。

许多自由职业者未能成功，也很难找到工作，你认为原因何在？

我个人不认识任何未能成功的自由职业者，所以我根据自己作为自由职业者曾疲于挣扎的事情来猜测一下吧。我之前提到过，我在大学时做过自由职业，但毕业后做了全职。我中断自由职业的部分原因是在我人生的那个阶段，我没能做到在自由职业中保持职业的自律。为自己工作，得非常自律。没有人盯着确保我每天早上 8 点准时坐到办公桌前。没有人监督看我是否在脸书上花费了太多时间。在家里，我总是可以接触到所有玩具，追求各种爱好，要是没有自律，这些让人分心的事情很容易导致工作拖延。

在我 20 多岁的时候，我缺乏成功自雇所需的自律。但在全职工作十年后，锻炼自律成了我的第二天性。一些自由职业者之所以失败，可能只是因为自由太过诱人、太分散注意力。我不认为这是一件坏事，肯定是可以克服的。我认为另一个大陷阱是陷入恐惧或怀旧情绪。有时没得到足够的工作，便开始担心再也找不到足够的工作了。

有时按季度缴税①会令人感到痛苦，你便开始幻想有钱从你的工资支票中神奇地跑出来，从而再也不用担心错过缴税的日子。在那些时刻，你更容易放弃自由职业去找一份全职工作。而更加困难的是，保持耐心和乐观情绪并坚持到底。

当局面变得困难时，我发现一些事情会有所帮助。首先，如果还没有为六个月没有收入的生活攒下足够的钱，就不要辞掉全职工作。其次，未雨绸缪。作为自由职业者，你的情况可能会因为储蓄不足立即改变。防止上述时刻导致失败的最好方法是在银行里有钱可以依靠。再次，身边要有一些支持你的人，他们理解你做所做之事的原因。我很幸运：我先生很懂我，在我觉得受够了的时候，他会和我讲道理。所以自由职业者要充分利用朋友和家人所能提供的支持。

对许多选择自雇的人来说，收入无保障是一个沉重的问题。如果没有保障，你如何进行财务规划？

我确切地知道自己每个月需要多少钱来支付所有开支。我确保自己总是有足够的经常性工作来（至少）承担这些费用。我用 Mint（一个预算软件）制定了严格的预算，而且我从不超出预算消费。我每个月都会挑选一两个一次性项目，然后将其收入存起来。这样一来，如果我正在进行的工作发生了变化，或者出现意外开支，我就有了依靠。

---

① 美国国税局（IRS）要求自由职业者每个季度支付估计的税款。为了避免在纳税时发生罚款或额外的利息，有必要每季度支付一次税款。——译者注

倘若从头再来，你会做什么不同的事情吗？为什么？

我不会从头再来。我目前的状态就是理想状态，不会改变任何东西。

你对工作的未来有什么想法？

我认为，自由职业的发展趋势将使所有类型的就业变得更好。自雇的好处将不可避免地让那些想要雇用全职员工的公司重新考虑它们的期望。例如，作为全职员工，我花了很多时间盯着电脑屏幕。即使我的工作已经完成，我仍然要在办公桌前坐到下午 5 点。而作为自由职业者，我完成工作后，就可以自由地去做任何我想做的事情。事情应该是这样的。如果我们正在做我们该做的事情，那么何时做以及做多长时间都应该无关紧要。

当然，也有例外。即使目前没有客户需要帮助，零售工人和客服代表显然也需要随时待命。但对知识工作者来说，工作方面的旧规则正在变得无关紧要。而且我认为，为了吸引自由职业者，公司将不得不制定新规则。我认为，也希望，这对未来的工作来说是一件好事。

在哪里可以找到你的作品？

我为一些不同博客定期撰稿，偶尔也会为其他一些博客撰稿。不必一一列举，而且就算列表的话，上面的部分内容在这次访谈发布之前可能也已经过时，我的意思是：查看我最新作品的最佳方式是在推特上关注我（@JessGreeneMktg）。每当我发布新作品时，我都会在上面发布相关链接。

乔·穆里奇

乔·穆里奇（Joe Mullich）是一名广告文案撰写人。他的作品曾在《华尔街日报》《连线杂志》《福布斯》《哈佛商业评论》《美国快报》等热门刊物上发表。乔曾为微软、联邦快递、汇丰银行、福特汽车等许多《财富》500强公司和顶级广告公司撰稿。

你一直为自己工作吗？

大学毕业后，我先后在公关公司、杂志社和报社工作过。大约为他人工作了 6 年后，我开始了独立工作，这样做了 20 年。我是一名自雇作家，创作书籍、剧本、杂志文章和公司资料。

对你来说，典型的工作日是什么样子的？

我骑自行车去星巴克，到那后拿出笔记本电脑，上午 9 点左右开始工作。通常在下午 4:30 左右下班，然后去健身房。我发现，比起独自居家工作，咖啡店的热闹和喧嚣让我更有活力。我过去常常遵照银行家的工作时间①，但现在的日程安排更加灵活了。根据项目和截止日期，我在某一天所做的工作可能会有很大差异，可能做研究、进行采访，也可能是写作或开会。在典型的工作日里，我同时做几个项目，长期、短期的都有。

---

① 英文 bankers hours 指的是节假日休息且工作日工作时间比正常情况更短的工作日程安排。——译者注

这些年来，你在寻找客户、营销自己和推广工作方面学到了什么？

了解市场很重要。许多自由撰稿人对客户类型和他们所需的材料类型知之甚少。即使你选择了去写报酬较低的材料，因为它提供了更大的满足感并且你更喜欢它，这也应该是你根据市场知识做出的选择。

了解客户的需求很重要。虽然世界上似乎有过多的写作者，但许多客户很难找到能够始终如一地创作出自己想要的材料的写作者。任何类型的营销都应该根据潜在客户的需求和痛点来展开对话，这是营销基础，但令人震惊的是，如此多的自由职业者说话的时候用的是"我、我、我"，而不是"你、你、你"。

在营销中展示你的个性很重要。人们喜欢和自己喜欢的人一起工作。我写了一篇博客，讲述我在星巴克闲待的经历，以及我与那里的人的互动。我链接到自己网站上的博客。许多就完全不同类型的写作（例如技术主题）与我联系的客户经常在博客上发表评论，因为它很有趣且不寻常。良好的营销会抓住机会并脱颖而出。过去，我曾通过直邮包裹与客户接洽，其中包括一个标题为"你正在使用的自由作家是否称职？"的测验，该测验为我提供了一种有趣（且具有挑衅性）的方式来吹捧自己的技能，它确实给我带来了很多生意——人们认为，如果我可以为自己有效而巧妙地写作，我也可以为他们做同样的事情。

你发现哪些工具在你的职业生涯中始终有用，为什么？

领英：每年都有很多人通过领英找到我。把领英上的个人资料弄得很有吸引力至关重要。我的领英账号是https://www.linkedin.com/in/joemullich/。我并没有用"作家"这样乏味的头衔，而是把自己描述为"讲故事的人：擅长文字，精于安排"。

建一个有专属网址的自用网站——人们即使会有不同的途径找到你，也总会去你的网站上查看一番。网站具有吸引力和专业性很重要，但它也应该能彰显你个人的风采。在我的网站（joemullich.com）中，我设置了诸如工作样例和客户感言之类的标准元素，也链接到我的博客，并有一个页面用来介绍我对户外活动和志愿者工作的兴趣。

许多自由职业者未能成功，也很难找到工作，你认为原因何在？

许多自由职业者在提供产品或服务方面业务熟练，且乐在其中，但他们不喜欢找工作的过程，也缺乏创造力和热情。可以理解的是，许多自由撰稿人愿意由着自己性子写作，而不太考虑市场上重视什么类型。人们觉得最有趣的写作类型（如旅行写作）往往写手众多、薪酬不高。

或者，他们从需要竞价的网站上找活儿，但上面给的薪水通常低得让人望而却步。特别是在写作领域，自由职业者很容易在被工作压得喘不过气来的同时面临着破产局面，因为工作赚不到什么钱。囫囵吞枣吃些没有营养的东西，跟饿死差不多。

作家和一般的自由职业者通常从来没有卖过任何东西，所以他们不知道如何出手自己的作品。

对许多选择为自己工作的人来说，收入没保障是一个沉重的问题。如果没有保障，你如何进行财务规划？

首先要意识到，收入没保障不仅限于个体经营者。如果是全职工作者，也随时可能被解雇。作为自由职业者，有很多方法可以让收入有保障：实现客户群的多样化和产品类型的多样化；寻找提供持续而非一次性工作的客户。这属于个人选择，但我也要提倡节俭生活。总让我感到困惑的是，为什么有那么多人购买自己不需要的东西，那些东西带不来任何愉悦，却会带来不必要的压力。

倘若从头再来，你会做什么不同的事情吗？为什么？

如果我现在从头再来，我会以更具创业精神的方式接触写作业务。我刚开始的时候，常用的方式是去寻找那些能提供工作的客户（杂志、公司等）。如今，我会绕过中间人，开发出网站，与读者直接接洽。这样，我就能建立自己的客户群，从而有更大的机会扩大规模并获得被动收入[①]。传统自由撰稿人的麻烦在于，它更像是一份工作，而不是一门生意——只有在创作出新材料后才能赚钱，但一天中只有那么多时间去创作那些材料。

---

① 被动收入（passive income）是一种只要付出一点努力进行维护，就能定期获得的收入。——译者注

你对工作的未来有什么想法？

自由撰稿界一直在发生变化，但变化的程度在急剧增大。不预测未来的人已经落后了。

在哪儿能找到你的作品？

joemullich.com 网站。

埃米琳·佩勤

埃米琳·佩勤（Emmeline Pidgen）是一位插图画家，专门创作书籍、广告、漫画和现场配图。埃米琳是 2016 年英国自由职业者奖的获得者，曾与乐购、埃格蒙特出版公司和杰西卡·金斯利出版公司 / 哈切特等客户合作。埃米琳目前正在为她的第一部图像小说（graphic novel）进行写作、创作插图，也在为创意性自由职业者编写新版指南。

对你来说，典型的工作日是什么样子的？

自由职业者的一大好处是，每天都可以如你所愿的那样与众不同。我通常不喜欢严格的时间表，也不喜欢例行公事，尽管我会为未来一周制订待办事项清单和目标计划，并对任务委托截止日期进行更严格的周密安排。有安排是件好事，让你工作时有足够的自由去激发出创造力。灵感不是你想有就能有的东西，所以当我在一个项目中陷入成规时，我会切换到一些其他事情上，比如去画画、散步来清醒头脑，或者通过阅读来进入一个完全不同的世界。大多数情况下，你会发现我上午在工作室里工作（通常是为书籍绘制插图或进行广告创意），下午则开发自己的作品，创作图像小说、图画书和独立作品并配图。

这些年来，你在寻找客户、营销自己和推广工作方面学到了什么？

在经营插图业务的过程中，我明白了这样一个道理：完善和推广自己的作品集固然至关重要，但建立真正的圈子并支持其他自由职业者也极为重要。漂亮的网站、华丽的作品集和令人难忘的客户名单可能让你受益匪浅，但让你行稳致远的是：开始去了解人们，真正支持他人，放弃硬性推销，真正与人交谈。

在哪儿能找到你的作品？

www.emmelineillustration.com 网站。

席德·巴拉特

●●●

席德·巴拉特（Sid Bharath）是一名企业家兼软件即服务营销顾问。他与软件初创公司合作，帮助后者确定最佳增长渠道，并以数据驱动和系统化的方式扩大规模。席德曾在 Thinkific、LemonStand、CartHook、Crazy Egg、Flippa、Edloud、Push Operations 等公司工作或为其提供咨询。

你一直为自己工作吗？

不总是这样。我花了很长时间为不同的公司工作。在第一次为自己工作之前，我在雅虎做过软件开发，在德勤担任过顾问。在从事自由营销工作之前，还尝试过几次创业。几年后，我重新找了一份工作，这回是负责 Thinkific 和 Lemonstand 等初创公司的营销。在帮助 Thinkific 实现快速增长后，我最近再次开始为自己工作，担任其他软件公司的营销增长顾问。

对你来说，典型的工作日是什么样子的？

这一天从我边喝咖啡边看书开始，然后去健身房，回来后便开始工作。工作取决于客户，总是在变化，可能是要为一个客户制作一则新广告，跟另一个客户通电话，也可能是为新客户提出建议。

这些年来，你在寻找客户、营销自己和推广工作方面学到了什么？

在为客户工作和推介自己以寻找更多客户之间，肯定存在如何平衡的问题。我学到的一点是，没有什么比以前的工作成果更适合营销自己。因为我在 Thinkific 的工作，我为自己树立了一些名声，并因此在一些流行的博客和播客上接受了采访。我过去建立的一些人脉一直是我的客户来源。这听起来可能有争议，但我认为有太多的自由职业者没有积累到足够的经验。我在脸书上看到了所有这些为客户做广告的"大师"的广告，但他们只上过一些关于这方面的在线课程。如果没有太多的实践经验，可以先在公司里工作几年，以获得一些经验。

你发现哪些工具在你的职业生涯中始终有用，为什么？

像 Calendly 这样的日历安排工具对预定与客户的会议非常

有帮助。Skype 或 Zoom 非常适合与客户一对一通话，Evernote 非常适合记笔记，Grammarly 适合修订拼写错误，Bonsai 有助于管理项目和提案。

许多自由职业者未能成功，也很难找到工作，你认为原因何在？

首先，是我前面提到的经验不足。此外，我认为太多的人提供与其他人相同的服务，没有实现差异化。你需要在某一专门领域深耕下去。例如，营销人员那么多，专门从事 SAAS（软件即服务）方面的增长导向型营销人员却没几个，这就是我可以找到客户并收取溢价的原因。

对许多选择为自己工作的人来说，收入无保障是一个巨大的问题。如果没有保障，你怎么做财务规划？

我跟踪我的财务状况，以确保我每个月都在存钱，但我并没有太多的计划。我知道我总是能够找到客户，我不需要太多的客户来维持良好的生活，因为我收费高。此外，最坏的情况是，我可以回到另一家公司工作，因为我已经积累了丰富的工作经验。

倘若从头再来，你会做什么不同的事情吗？为什么？

我真的不知道我是否会改变很多，但如果我真的要说什么，那就是我不会进入营销领域，而是会在人工智能领域工作。那才是未来。

你对工作的未来有什么想法？

我认为工作肯定会改变，因为大多数事情都会自动化。很多人会看到自己的工作实现自动化。各国已经在通过测试全民基本收入[1]来为此做准备。跟上技术的新进展是很重要的，因为尽管自动化会让许多工作岗位流失，但会有新的工作来构建和管理自动化。

你当前正在做任何新工作吗？

我正在开发一个新项目，可以帮助小型初创公司的营销人员和创始人找出最有效的增长渠道和扩大规模的方法。目前仍处于计划阶段。

我们在哪里可以找到你的作品？

去我的网站 sidbharath.com；领英 linkedin.com/in/sidbharath 上也有。

伊莉丝·贝农

伊莉丝·贝农（Ilise Benun）是 Marketing-Mentor.com 网站的创始人，这是一个为创意专业人士提供的资源网站。伊莉丝为创意专业人士开发和交付程序近 30 年。她为"创造性的个体经营者"撰写了七本商业书籍，并且是 HOW Design Live 播客的联合创始人和主持人。

---

[1] "全民基本收入"（universal basic income，UBI）是一种由政府和其他公共部门提供的针对全体公民和居民的无差别、无条件经常性现金收入机制。"全民基本收入"并不是一个新生的事物，大概在 1797 年托马斯·潘恩（Thomas Paine）曾提出过类似的想法。——译者注

你一直担任导师吗？

事实上，这个月是我大学毕业后被第二家公司解雇的三十周年，我决定再也不为别人工作了。我当时很生气，很无知，还有些浮躁，于是就开始自由职业者生涯了。所以，我从来没有梦想过自己想做哪些事情，当然也不是当导师。但是，如果你愿意相信的话，我学到的是，一切都来自市场，市场会告诉你它需要什么。如果你有市场需要的东西，就提供出来。因此，当我被解雇时，我环顾了我在纽约的所有朋友，他们都是有创造力的人，需要有人把他们组织起来，我觉得我可以做到，所以就开始帮助他们组织起来。然后很明显，在所有文章之外，总有一些东西关乎营销和自我推销的知识被人们忽视了。所以，我说好吧，让我们来做，向人们提供他们所要求的信息，去参加贸易展并让人们做好准备，或者整理一本小册子，于是一步步走到今天。

似乎我一开始就能够以有效的方法向人们提供建议和指导，所以我非常缓慢且没有特别有意识地过渡到指导行业，我认为部分原因是我得到了很好的指导，从而以学习者的身份学到了东西。因此，我并不是想要成为一名导师，但我确实学会了如何指导人们并提出有针对性的建议，以便人们在需要时恰好得到他们所需要的东西，而不是"你可以读我的书并获得所有信息"。

对你来说，典型的工作日是什么样子的？

我不喜欢例行公事，所以每天都是不一样的。这是自由职业的好处之一。每一天都可能有所不同。我成天都在打电话提供咨询和指导客户，只有很少的休息时间用来遛狗。有时我会完全抛开工作，这样就可以思考和评估我在与客户一起工作时所学到的一切。

这些年来，你在寻找客户、营销自己和推广工作方面学到了什么？

好吧，最好的营销手段就是建立关系。我对建立关系的定义是与人面对面、实时地见面。问问题并了解这些问题，并且能够给人留下印象，这是很难做到的。这需要很多时间，但如果你亲自和某人在一起，这就容易多了，因为身临其境所以能够亲自去发现，所以我发现自己。这就是为什么我下周要去波士顿的 HOW 会议，因为这给了我一周的时间来与人们建立联系和交谈，看看发生了什么，看看我该如何提供帮助，看看趋势是什么，看看需求是什么。这确实是获得信息的最好方法之一，你需要不断地重塑你自己和你的服务。许多人在社交方面的问题是他们不知道该说什么。他们把注意力集中在自己身上，而正确的做法是你应该把注意力集中在别人身上，以及你能从别人身上学到什么上。我带着好奇心接触网络，这意味着以一种实际的方式准备一个可以帮助我开始对话的问题列表。例如，你的生意怎么样，最近你在做什么工作，或者目前你遇到的最大问题或挑战是什么？问一些与你所做的和能提供的工作有关的问题。

你发现哪些工具在你的职业生涯中始终有用，为什么？

对我来说，最好的工具之一是真正专注的能力。很多人并不清楚他们想要完成什么，以及需要做什么，但如果你能澄清这一点，那么这就是你的重点，你不需要其他任何东西。此外，我希望结识有创造力的专业人士，领英是一个很好的找到他们的资源。

许多自由职业者未能成功，也很难找到工作，你认为原因何在？

这与是否能专注并了解你提供的产品以及在现实生活中实时实地找到客户并与之交谈有很大关系。如果没找到合适的，就继续找。许多抱怨的人实际上并没有足够努力。如果从战略上看，你通常可以找到自己正在寻找的东西，但我认为人们太容易放弃了，轻易就抱怨。留下你遇到的所有人的联系信息，并跟进，通常可以通过电子邮件，也可以电子邮件和领英双管齐下，甚至可能是用普通邮件（snail mail）来提醒他们：你们之间有过谈话，而且你从他们身上学到了东西。宣传你所提供的东西并不总是那么重要。你可以就人们遇到的问题提出问题，然后告知对方你能够加以解决。

对许多选择自雇的人来说，收入无保障是一个沉重的问题。如果没有保障，你如何进行财务规划？

固定收入是可能的。要么有很多潜在客户，要么有很多项目随时上门。这需要大量的营销。

要想有固定收入，即客户为你在一段时间内所做的工作（而不是一次性工作）按月支付报酬，就得弄清楚都是些什么项目以及哪些客户需要它们。你也可以根据固定费用去选择工作。我不是特别喜欢按时间计酬，无论是按小时还是按天算。但一般情况下，固定的、正在进行的项目对各方来说都更有利：你可以管控自己的现金流，了解自己将得到多少报酬，对方也知道要给你支付多少报酬。不过，为了做到这一点，你得能够进行准确的估算才行。此外，快速获得报酬意味着索要更高的报酬，或者，应挑选那些会根据你的条款付款的客户和潜在客户。

对新的自由职业者有什么建议吗？

制订计划，因为在自由职场站稳脚跟所花的时间总是比你想象的更漫长。我不是那种说"尽管去做"（just do it）的人。如果没有准备好，就不会有所成就，所以我的建议是认真的：攒下一些钱，然后从做副业开始。如果没有制订出认真的行动计划，我不会建议任何人辞职。

有关你的书籍和指导计划，在哪里可以找到更多信息？

在我的在线商店：www.marketing-mentor.com。我总是推出新产品、新下载和新的营销计划。现在，我正在开发一个新网站来帮助人们更好地为其服务定价。

第 13 章

零工经济的未来

作在不断演变，它已经超越了只为一个人或一个组
织工作的限制。在技术的支持下，今天的人们几乎
可以在任何地理位置找到客户和雇主，并为其工作。人们的职
业选择比以往任何时候都多。零工工作者的兴起正在重新定义
21 世纪的谋生方式。对那些对僵化的传统工作场所感到沮丧的
人来说，零工工作提供了更多以自己的节奏创造收入的机会。
零工经济为来自不同背景和不同地点的人们开辟了许多机会，
而且使得企业能够从世界上几乎任何角落雇用到短期人才。本
章将讨论零工经济将如何改变今天的工作方式，未来五年或十
年甚至更长时间会发生什么变化，为什么需要拥抱零工经济，
以及当你选择成为零工工作者时会有什么期望。

自由职业是工作的未来

　　零工经济正在逐渐演变为新经济。想想 20 年前人们常见

的工作方式，将其与当今专家为企业和消费者提供价值的方式进行比较。这两种情况大相径庭。如今，业务流程更快、更有活力，就业也变得更加灵活。根据《直觉公司 2020 年报告》（*The Intuit 2020 Report*）的预测，"雇用临时工的长期趋势将继续加速，超过 80% 的大公司计划大幅增加对灵活劳动力的使用"。（Strutz, 2016）该报告预计，到 2020 年，单在美国，就有 40% 以上的劳动人口（即 6000 万人）为自己工作。企业纷纷为自由职业者创造新的工作机会，因为它们正在寻找新的人才来帮助它们打造更好的产品，提供卓越的客户服务。自由职业者不仅受雇于初创公司和小型企业；拥有数千名正式全职员工的大型跨国公司也聘请专家级的自由职业者来完成特定项目和特定任务。

Flexjobs（最大的提供兼职、自由职业和灵活工作的网站之一）指出，2017 年 4 至 7 月间，在其平台上雇用自由职业者最多的有 BBC 全球（BBC Worldwide）、英特尔、埃森哲、Affirm、Rover、Kaplan 和 GoPro 等几家公司。（Jay, 2017）来自不同背景的自由职业者正在为各种规模的企业提供创新的解决方案和新的视角。科技行业新闻在线出版商 TechCrunch 的泰德·米尔本（Tad Milbourn）说："微软的独立合同工数量几乎是全职员工的 2/3。"（Milbourn, 2015）随着越来越多的大公司招募实时应需工作者加入自己的劳动力队伍，高技能独立工作者的需求将继续保持高位。技术进步继续引领同一项目的团队不断发展,虚拟办公室遍布全球,短期员工雇用方式层出不穷。技术工具的进步使各种规模的企业都可以聘用到全球顶尖人才。

技术本身并不是帮助打破传统工作模式并促进向独立工作者更有利的工作条件转变的唯一因素。诸如不确定的经济状况、补充收入的需要以及对工作与生活之间更好的平衡和更高生活质量的渴望之类的其他因素,也促成了自由职业及咨询工作的增长。这些因素将继续发挥作用,使得变化成为那些接受零工工作的人的新常态。无论灵活工作的动机是什么,零工经济都有望在全球范围内持续增长。全球劳动力数量的不断上升,意味着未来经济的赢家将是那些拥抱变化并适应变化的人。

人才网站的飞速增长将继续使自由职业者更容易根据自身条件和生活方式选择为任何地方的企业工作。知名大公司里传统的关键决策职位不太可能分配给远程工作者,因为这些企业经常需要核心管理者亲自出面,在就业务增长和发展方向方面做出重要决策。但随着工人继续追求支撑其日常生活的新职业,企业将为新的现代劳动力开辟出新空间,这将改变人们对工作及其对未来维持生计的意义的看法。

职位描述大变脸

许多公司已经在工作架构方面进行了投入,从而使员工可以根据过去的表现和对公司的贡献来跃升职业阶梯。在成熟的公司中，职位描述通常带有绩效指标和奖励方案，比较具体，以此对工作进行分类。但随着人们不断强调经验积累、工作与生活的平衡、工作时间的灵活性和技能水平的提升，雇主开始发生转变：原来精心设计的机构只奖励绩效，而现在开始帮助其生产型劳动力在工作中找到满足感。工作场所不断变化，需要制定出新的雇用规则。在未来的现代工作环境中，许多公司会把业务流程组织成项目，并聘请最优秀的人才来处理短期可交付任务。这将使企业能够专注于有形的结果，而不是监控过程中的努力、活动或勤奋。雇主会考虑专业。《未来的工作》（*Lead the Work*）的合著者约翰·布德罗（John Boudreau）写道："职位描述通常描述全职员工所从事的工作，将一系列技能和要求组合在一起，这些技能和要求似乎足以签订雇用合同。"（Boudreau，2015）在他赞同解构工作的论点中，布德罗表示，常规性全职工作只是完成工作的一种方式。公司可以通过汇聚天下英才而不是仅依靠全职员工的方式来管理工作。随着公司继续接纳和雇用有才华的远程零工工作者，工作将不仅是一个职位描述。重要的是，要注意到工作类型会以不同的方式演变。一些成果可交付型任务，包括软件开发、设计、会计、营销、写作和客户支持，这些工作可以很容易地过渡到零工工作的角色，但其他业务管理角色或人员管理职责将继续由公司内部的全职人员扮演或执行。全球管理咨询及专业服务公司埃森哲表示，自由职业是工作的未来。该公司预测，未来十年，全球将出现新的全球 2000 强公司（不同于《福布斯》杂志评选的年度全球上市公司 2000 强），它们除了首席系列职位（首席执行官、首席财务官、首席运营官和首席信息官）之外，没有全职员工。到那时，公司将专注于投资其所谓的"流动劳动力"。这对很多人来说可能听起来难以想象，但它表明全职角色的未来在于影响业务方向的战略性高层决策角色。公司将聘请才华横溢且值得信赖的独立合同工来支持管理者经营企业。埃森哲的报告指出："流动劳动力正迅速成为企业自组织方式的新常态。传统方式跟不上数字时代变化的步伐，有远见的企业已经开始认识到它们的劳动力战略有可能成为主要的竞争优势。"（技术愿景，2016）最终，许多企业将由所有者、首席系列高管、猎头、灵活工作者和独立工作者组成。

　　未来的人才平台将变得更加智能，会在自由工作者的日历上出现空档时，自动寻找、申请并将他们与合适的相关猎头匹配起来。只需单击一个按钮，便可以使整个项目团队成员组合起来。由于公司加大了雇用短期合同工的比例，以及一流的自由合同工之间的竞争变得激烈，成熟的企业将创建远程人才发展结构，为高频率的独立合同工提供职业提升机会。其他企业将设法为临时工提供最好的工具和支持，以增加他们与最具创造力的人合作的机会。这种转变的影响是巨大的，但从长远来看，更有活力的结果导向型经济将会出现。

从简历逐渐转变到作品集

多年来，人们一直以简历的形式展示自己。围绕他们过去做过的事情、工作过的公司以及担任过的职位等内容，简历提供了一个线性视图，关注的总是过去有多少经验，但这种情况正在改变。在现代工作领域，企业和客户看重的将是你的成就、过去工作的实际成果以及你的个人主动性。作品集不仅仅是创意专业人士的作品集合；任何希望在新的工作领域中大显身手的人都可以制作出一份来。作品集是一种综合视图，展示了你的专业能力以及你如何为潜在客户的成功做出贡献。企业和客户在目标雇用对象身上寻找的东西正在从"你为谁工作过"变为"你做过什么工作"以及你如何使用过自己的技能。要为未来做好准备，你可以创建反映你想以什么为人所知的作品集，并把它做得引人注目。你可以通过照片、视频、工作链接、演示幻灯片和客户推荐来提高你的作品集的知名度，增加被潜在客户发现的机会。很快，人们不仅会拥有领英个人资料，还会推出展示自己的擅长领域和创造力的作品集。

需要扩大关系网

独立合同工并非孤军作战。推荐人在吸引和留住新客户方面仍然起到关键作用。做生意就是做人，关系网有助于寻找客户。

未来对自由职业者的需求会激增，与你有联系的人对你的职业生涯将变得非常重要，在积累经验阶段尤其如此。公司希望可以与它们信任的人合作。更好的关系网通常可以带来更大的项目，甚至在零工网站正式项目发布之前就能得到消息。有时候，在线作品集无法说服潜在客户雇用你，因为有些人与自己关系网中的独立合同工有业务往来。可以与其他自由职业者联系，与他们会面参加相关活动，推荐他们参加其他你不能参加的零工，可以在未来为你开辟很多其他机会。如果你不善于交际，请找到资源来帮助你提高联络技能。这可以帮助你每天发现打造关系网的机会。

关系网不仅产生于相关活动当中。它可以简单到进行一次随意的交谈、请求保持联系、友好跟进联系并为你遇到的人提供价值。这不是说非得给你遇到的每个人都塞一张名片不可。你可以请你刚认识的人出去喝杯咖啡，听听他们在做什么工作、进展如何，甚至向他们学习。这有助于加强你与他们之间的联系。他们的关系网中如果出现任何与你所做的工作相关的机会，会更有可能推荐给你。人们更愿意与这样的人一起工作：他的工作成果在自己的关系网或朋友圈里获得过称赞。未来，不将他人视为竞争对手的自由职业者会成就职场辉煌，并赢得更多客户。源源不断的工作机会在很大程度上取决于你在整个职业生涯中所搭建的关系网。

工作的未来

在相互联结的未来，劳动者无论身处何地，都可以在世界上任何地方获得雇用。如今未来已来，比以往任何时候都更重要的是重塑你的技能并将自己定位为你所在行业的专家。根据安永（2016）的研究，如今，34%以上大大小小的企业雇用独立合同工的时间不低于12个月。为了在现代工作领域中生存下来，企业调整其公司文化，以吸引最聪明的人才并与之合作。未来的劳动力期望雇主和客户采用能提高工作效率，并促进来自不同地方的人们之间协作的商业工具。为了吸引并留住顶尖人才，它们将不得不为员工提供超高的薪水；它们需要为人们创造机会，让人们通过工作产生对世界有意义的影响。

人们越来越多地选择独立工作。在安永的调查中，25%的企业预计到2020年将使用超过30%的临时工来执行各种任务和业务流程（Ernst & Young，2016）。随着技术变得更加强大并为你的职业生涯打开更多大门，你在利用技术方面将占得先机。随着许多公司向来自世界各地的员工敞开工作的大门，你不仅可以创造工作机会来增加收入，还可以找到能为你的生活带来意义和目标的工作。数字革命并不会因机器人接管你的工作而让你的未来一片萧索——它正在为赋予人类权力开辟道路，那时你将牢牢地掌控自己的工作生涯。

在普华永道（PwC）发布的《工作的未来：2022 年之旅》中，美国、德国、英国、中国和印度的 10 000 人应邀就工作的未来及其将如何影响自己的未来发表意见。66% 的人认为未来的工作领域将充满希望，充满各种可能性，他们相信自己会取得成功。53% 的人认为技术突破将在未来 5~10 年内改变人们的工作方式。（普华永道，2014）你在未来工作中的成功将取决于你接受变革并驾驭变革的能力，而为了提升其全职员工和临时员工能力而投入资源的雇主将携手本行业里的一些最聪明的人，共同开展工作。

关键知识点

- 零工经济正在逐渐演变为新经济。

- 技术进步继续引领同一项目的团队不断发展，虚拟办公室遍布全球，短期员工雇用方式层出不穷。技术工具的进步使各种规模的企业都可以聘用到全球顶尖人才。

- 人才网站的飞速增长将使自由职业者更容易根据自身条件和生活方式选择为任何地方的企业工作。

- 在未来的现代工作环境中，许多公司会把业务流程组织成项目，并聘请最优秀的人才来处理短期可交付任务。这将使企业能够专注于有形的结果,而不是监控过程中的努力、活动或勤奋。

- 未来的人才平台将变得更加智能，会在自由工作者的日历上出现空档时，自动寻找、申请并将他们与合适的相关猎头匹配起来。只需单击一个按钮，便可以使整个项目团队成员组合起来。

- 未来，不将他人视为竞争对手的自由职业者会成就职场辉煌，并赢得更多客户。源源不断的工作机会在很大程度上取决于你在整个职业生涯中所搭建的关系网。

- 在现代工作领域，企业和客户看重的将是你的成就、过去工作的实际成果以及你的个人主动性。

ISBN：978-7-5043-8861-2
定价：69.00元

激发工作状态，提升办公技能，加强团队协作，未来十年将加速过渡到远程办公时代。

ISBN：978-7-5043-8860-5
定价：79.00元

手把手教你从 0 到 1，被众多硅谷创业公司验证为好用、高效的创业指南。

ISBN：978-7-5043-8802-5
定价：49.00元

助力职场成长、提升人生幸福感的完美解决方案，为数字职场全面赋能。

ISBN：978-7-5043-8808-7
定价：69.00元

不能落地，再好的创意也一文不值！让每个创意落地为真金白银！